奴国がわかれば「邪馬台国」が見える

中村通敏

官曰卑狗副曰卑奴母離所居絶島方可四百餘
里土地山險多深林道路如禽鹿徑有千餘戸無
良田食海物自活乘船南北市糴又南渡一海千
餘里名曰瀚海至一大國官亦曰卑狗副曰卑奴
母離方可三百里多竹木叢林有三千許家差有
田地耕田猶不足食亦南北市糴又渡一海千餘
里至末盧國有四千餘戸濱山海居草木茂盛行
不見前人好捕魚鰒水無深淺皆沈没取之東南
陸行五百里到伊都國官曰爾支副曰泄謨觚柄
渠觚有千餘戸世有王皆統屬女王國郡使往來
魏志三十　二十九
常所駐東南至奴國百里官曰兕馬觚副曰卑奴
母離有二萬餘戸東行至不彌國百里官曰多模
副曰卑奴母離有千餘家南至投馬國水行二十
日官曰彌彌副曰彌彌那利可五萬餘戸南至邪
馬壹國女王之所都水行十日陸行一月官有伊
支馬次曰彌馬升次曰彌馬獲支次曰奴佳鞮可
七萬餘戸自女王國以北其戸數道里可得略載
其餘旁國遠絶不可得詳次有斯馬國次有已百
支國次有伊邪國次有都支國次有彌奴國次有
好古都國次有不呼國次有姐奴國次有對蘇國
倭人

海鳥社

扉カット『倭人伝』（『三國志』倭人伝（宋紹熙刊本より）

奴国がわかれば「邪馬台国」が見える◉目次

奴国がわかれば「邪馬台国」が見える

第一章「奴国」とは

やよいの風公園と早良王墓

もうふた昔まえ、家内ともども糸島方面や三瀬峠を越してゴルフに出かけることも度々でした。いまでは、寄る年波でゴルフでなく糸島を越えて七山から熊の川温泉など日帰り温泉で出かけるというように変わってきています。

ただ、変わらないのは、福岡に西の方面から帰るときに、日向峠越えや三瀬峠越えで室見川河畔に出るルートが多いことです。この方面の農産物や豆腐や地鶏などの自然味豊かな食品を求めて自然このルートを通るようになりました。以前は無人販売で五〇円大根が民家の軒先に何軒も出ていましたが、最近では大型直販店に押されて無人販売所の数もめっきり減りましたのはちょっと残念です。

この室見川沿いの通路は福岡市の南西部方面から都心部に向かう、慢性的に混雑する大

飯盛山をバックに彌生の国公園

通りの抜け道にもなっています。そのすぐそばに鏡・勾玉・剣のいわゆる三種の神器のセットが出た最古の王墓といわれる吉武高木遺跡があります。

最近「やよいの風公園」として整備され一般に公開されています。特に当時の建物の想像復元や抽象的に柱を林立させる、というようなものではなく、一面の芝生と数個の石造ベンチでシンプルなものですが、飯盛山の背景が見事にマッチしています。

そこで、福岡市のホームページでこの吉武高木遺跡をどのように紹介しているか、と確かめてみました。

そこでは、この吉武高木遺跡は「早良王墓」として知られている、という紹介です。三世紀のわが国の状況を記した倭人伝にある、糸島の「伊都国」、春日の「奴国」に挟まれた早良の地域を「国」として統轄していた「早良王国」があったのではないか、という説明があります。

学生時代に博多に来て、以来延べ四十年は過ごしたこの地ですが、いろいろと見聞きしたことを綜合しても、日本で一番早く開けたのは北部九州といわれる割には、博多の地の古代は闇の部分が多いようです。

博多は「儺県《なのあがた》」以来の「なのくに」と言われるのにもとづいて、博多は「奴国《な》」で本拠は春日市ということが通説になっているようです。

ところで「奴国」という国は、『魏志』倭人伝という三世紀のころを描いた中国の史書に、「伊都国より東南陸行百里で奴国に至る。官は兕馬觚《じまこ》、副は卑奴母離《ひぬもり》二万余戸有り」とだけ書いてある国です。昔からのいわゆる「邪馬台国」探しでも、「奴国」は刺身のツマのようなもので、奴国＝那の津・博多だと片付けられているようです。

本当にそうなのかなあ、と、へそ曲がりのわたしは、これは暇つぶしには持ってこいの話だと思い、ちょっと調べてみることにしました。ところが、取りかかってみますと、次から次へと面白い問題が出てきて、結構な頭の体操にもなり、最後には卑弥呼女王の居城のありかまで現れてきました。

申し遅れましたが、わたしは古代史好きの一介の建設技術者あがりです、やがて傘寿を迎える年になりました。

普通でしたら、囲碁、将棋、園芸、孫の相手で余生を過ごすのでしょうが、古代史にのめりこむ羽目になったのは、古田武彦氏の著作に触れてからです。

古田武彦氏は、一九二六（大正十五年）生まれの古代史家です。東北大学卒業後、親鸞研究から古代史に足を踏み入れられました。たまたま、『魏志』倭人伝について調べてみたら、どの版本も「邪馬壹国」とあり、一般に言われている「邪馬臺（台）国」ではないことを不思議に思われたそうです。

ちょうどそのころ、国民的作家であり、古代史についても造詣の深い松本清張さんが『古代史疑』というタイトルで『魏志』倭人伝について、「中央公論」にて連載を開始されました。きっと、「邪馬台国」ではなく「邪馬壹国」であるべき、という論を展開されるか、という古田さんの予想に反して、「邪馬壹国は邪馬臺国の誤り」という従来説を踏襲されました。

それを見て、これは自分がやらねばなるまい、と思われた古田武彦氏は、『三国志』のいわゆる「邪馬台国」関係の研究をまとめて、一九六九年に「史学雑誌」に「邪馬壹国」という論文を出されました。その後、一般向きに『「邪馬台国」はなかった』という本にまとめ、朝日新聞社から出版されました。一九七一年のことです。

古田武彦氏は、「『三国志・魏志』が書いている『邪馬壹国』は北部九州にあった、博多湾から南に広がる国であった。全ての『三国志』の版本で、今まで邪馬臺（台）国と書き表している版本はなかった、全て邪馬壹国であった」、と論証されました。

その後、「その邪馬壹国はその後どうなったのか」という問題について、四世紀に建てられた高句麗王の碑文・五世紀の倭の五王で有名な中国の史書『宋書』、その後の中国正史『隋書』・『旧唐書』・『新唐書』その他の史料から、中国が日本列島の首領として対応したのは、大和の天皇家ではなく、「九州王朝」ともいえる卑弥呼の後裔、筑紫の王家であったと論証され、『失われた九州王朝』という本を朝日新聞社から出版されました。

特に、隋の煬帝を怒らせた、「多利思北孤《たりしほこ》」王は、教科書などに載っているように、女性の持統天皇やその摂政、聖徳太子が代行したのではなく、筑紫を本拠とする九州王朝の王者であった、という本邦始まって以来、初の論証をされました。

また、第三番目の本として、では、なぜ近畿王朝が日本列島の主人公となりえたのか、ということについて、日本の史書『古事記』と『日本書紀』から、神話の中の史実性の強い部分を取り出し、また、先行した九州王朝の歴史を『日本書紀』に取り込んだ痕跡について明らかにしました。その本は『盗まれた神話』（一九七五年）という書名で、朝日新聞社から出版され、これも洛陽の紙価を高くしました。

しかし、世の中は、近畿大和王朝の世の中です。「邪馬壹国」が「邪馬臺（台）国」と改変されているのも「大和王朝以外に日本列島の王者はいない」、「邪馬壹国はヤマトに違いない」、「ヤマトと読みたい」という潜在意識が、古来、学者達のメガネを曇らせているのです。

この三部作を通じて古田武彦氏の論理的な歴史観に共鳴したわたしは、俗世界を定年退職した後、いくつかの古代史の会に所属し自分なりに勉強してきています。したがって、この著述をしていますと、古田武彦氏、というより「古田先生」という私の頭の中の呼び方が自然に出てきますが、極力その気持ちを押さえて「古田武彦氏」で通し、どうしてもそれではすまぬ場合には「我が師古田武彦」というような形容になっていることをご了解ください。

七十歳になったころ、勝手連古田武彦私設応援団的ホームページ「新しい歴史教科書（古代史）研究会」という名前のホームページを立ち上げて、古代史関係の書物を槍玉にあげ、また、「棟上寅七《むなかみとらしち》の古代史本批評」というブログも開設し現在に至っています。ネット上の、棟上寅七というペンネームの論文や、ネット上の批評文もいくつか出てきますし、それらを紹介するネット上のファイル名、ＵＲＬが　この小論にも出てきますが何卒ご了承ください。

ところで、世の中には、たくさんの「邪馬台国論」が存在します。しかし、「奴国論」というのはほとんど見かけません。「奴国」は博多・福岡ということで片付けられているようです。本当にそうなのか、ということで、「奴国」探しを始めた次第です。

古田武彦氏の第一書『「邪馬台国」はなかった』の発刊後四十年経ち、古田武彦古代史コレクション版としてミネルヴァ書房から再版刊行されました。これを改めて読みなおし、心の片隅にへばりついていた「奴国の所在は？」について検討してみることにした次第です。

古田武彦氏は、旧制広島高校の恩師岡田甫《はじめ》先生のソクラテスの言葉として教えられた、「論理の導くところに行こうではないか。たとえそれがいかなる所に到ろうとも」を、よく引用されます。わたしも、論理に導かれての奴国探しに出発します、それがいかなるところに到ろうとも。

ただ、今回の「奴国」探しに当っては、その古田武彦氏の手法を頼りに、「奴国」を探してみた結果の報告です。最終的に、「邪馬壹（台）国」についての古田武彦氏の比定地「博多湾から南へ広がる地域」は正しくても、「奴国」は我が師古田武彦の比定した地域とは異なった、というお話の顚末を記したものです。

また、この小論にはたくさんの古田武彦氏の本の引用が入っています。文献の解釈が多いので堅苦しいところも多くなりますが、なるべく砕いた表現を心掛けたいと思っています。

奴国の本拠地は春日市か

さて、この「奴国」は、どのように世の中には理解されているのでしょうか？　辞書で「奴国」を引いてみました。最近はWeblioというネット辞書で引く方が多いようです。

そこには次のように書いてあります。「奴国〈なこく、なのくに〉とは、一世紀から三世紀前半にかけて、『後漢書』『東夷伝』や『魏志倭人伝』にあらわれる倭人の国である。大和時代の儺県《なのあがた》、現在の福岡市付近に存在したと推定される」と。

そこに出ている『後漢書』とは五世紀に、范曄《はんよう》という中国の史家が、一～三世紀の中国の歴史を書いた書物です。また、『魏志』倭人伝というのは、陳寿という史家が三世紀末に著した、中国の正史『三国志』の『魏志』のなかの「東夷伝」という中国から見て東方の国々について述べているなかに、当時の我が国の状況を書きしるした部分を「倭人伝」と略称しているものです。

辞書でみますと、どうやら「奴国」というのは今の福岡市の昔の名前のようですが、果たしてそうなのでしょうか。

志賀島で発見された金印にも「奴国」という字が刻まれています。その刻まれた五文字

「漢委奴国王」の「委奴国」を『広辞苑』で引きますと、「なのくに　奴国　灘国　弥生時代の北九州にあった小国。後に儺県《なのあがた》、また那珂郡となる」とあります。

『福岡県の歴史』という本があります。この本は、地方史研究協議会というところの企画で各県史をまとめることになり、そのうちの一冊として『福岡県の歴史』が出版されたそうです。福岡市内の割りと大きい書店にはたいてい置かれています。

福岡という街は官民を問わず中央から地方官庁や支店などへの転勤族が多い街です。取りあえず、福岡に赴任したら、その土地の歴史を知るために求められることが多いのでしょう。一九九七年の初版以来版を重ねています。

そこでの説明には次のように書いてあります。

弥生時代に王がいたなによりの証拠は、紀元五七年に奴国《なこく》の「大夫」が後漢の首都洛陽まで朝貢し、光武帝から下賜された「漢の倭の奴の国王」金印である。（中略）この金印をもらった王よりも五〇年以上も前の紀元前一世紀末の王の墓が、奴国では春日市須玖岡本D地点、伊都国では前原市三雲南小路の1・2号の甕棺墓である。

福岡の春日市がどうやら「奴国」の本拠地とされているようです。

その春日市のホームページを開いてみますと、弥生時代の「奴国」とのかかわりについて次のように述べています。

春日市の近年の人口増大と同様に）弥生時代の人口の拡大も爆発的なものがあったようで、『魏志倭人伝《ぎしわじんでん》』でいう『倭奴国王《わのなのこくおう》』の墓が所在する春日丘陵一帯は、無数の遺跡が高密度に分布しています。後にここが弥生銀座と呼ばれることになったのもうなずけます。またこのころになると、わが国最古級の水田稲作遺構として有名な板付遺跡を身近に持ち、農耕の先進地として高水準の文化が存在していたと思われます。しかしその一方で、青銅器やガラス製品、あるいはそれらの鋳型が集中的に出土しており、この時代の春日が農耕のみならず工業面でも優れていたことを物語っています。

この記事には、倭人伝に「倭奴国王」という記述があたかもあるかのように書かれていますが、これは間違っています。倭人伝には「倭国王」と書いてあり「倭奴国」や「倭奴国王」などとは一言も書いてありません。金印の「漢委奴国王」の「委奴国」と、ごっちゃになった文章になっています。春日市の中学生に間違った歴史を春日市のホームページは教えていることになるのですが、あまり問題視されていないようです。

古代史には小説家もロマン心を掻き立てられるようです。北九州育ちの文豪松本清張は、その著書『古代史疑』（中央公論社、一九六八年）で「倭奴国」について次のようにいっています。

『後漢書』には、「建武中元二年（五七）倭奴国《わのな》が貢物を奉った。光武帝はその使者に印綬を賜わった。……安帝元年、倭国王帥升等が生口《せいこう》百六十人を献じた」という記事がある。この後漢の光武帝が賜わった印綬に当たるのが、江戸時代に福岡県の志賀島から土地の百姓が発見した、「漢委奴国王」とある金印とみられている。「漢委奴国王」の読み方は「漢の委《わ》の奴国《なこく》王」という三宅米吉博士の解釈が今では定説となっている。奴国は博多付近とみられているから、『後漢書』に見える右の文章は、金印という証拠によって裏付けられたのである。

と書いていて、一九〇一年に考古学会初代会長となった三宅米吉先生の「わのな国」説を定説として受け入れています。

つまり、古代史について専門家以上の知見があると自負されていた、といわれる松本清張さんですが、この「漢委奴国王」の読みに対してはお手上げだった、ということを告白されているのです。

武野要子先生の解説は

では、福岡大学名誉教授で、地元の博多の経済史についての著書が多い武野要子先生（一九二七年生まれ、長崎県育ち、活水専門学校から九州大学経済学部から大学院卒・九州産業大学教授から一九七〇年、福岡大学教授、一九九九年、名誉教授）の「奴国」観はどうでしょうか。

岩波書店から出された『博多』（岩波新書、二〇〇〇年）の「奴国」の説明では、そのあたりについてどのように書かれているのでしょうか。

その本の序章「博多のあけぼの」で昔の博多についての説明を見てみます。序章は、「楽浪海中、倭人あり」という小見出しで始まります。

我々日本人の先祖である倭人《わじん》が、狩猟や採集という最もプリミティブな生活の手段から、水田でイネをつくるという生活の方式に変わったことは、大きな前進であり、生活革命であったといえるだろう。この革命はまず福岡県の北部に起こった。

福岡市博多区にある板付《いたづけ》。戦中派とそれに近い年配の福岡の人々はおしなべて、「ああ米軍の飛行場のあった板付基地……朝鮮戦乱の前線基地だった……」と、ある感慨をもってうなずく。福岡市教育委員会の調査で、縄文時代末期の板付にかなり高度な灌漑技術を備えた水田があったことがわかったのは、一九七七、八年のこと。その後同じ博多区の那珂遺跡では環濠の跡がみつかった。倭人による生活の利便性のあくなき追求が続けられたのだ。

人々を取りしきる首長たちの存在は、福岡市西区の吉武遺跡の高木地区の墓地に象徴される。墓地にねむるのは、朝鮮系の青銅器を独占し、権力者の座に定着した人々であった。彼らは国の首長をつとめた。

「楽浪海中、倭人あり、分かれて百余国と為る、歳事を以て来り、献見すと云う」。これは『漢書』地理志に出てくる有名な文章だ。『漢書』は紀元前の日本を知りうる、唯一にして最高級の史料である。（中略）

そのころ、奴国《なこく》や伊都国《いとこく》などが、殆んど優劣の差をつけがたい金属器文化と農業技術をあわせ持つ政治組織をつくっていた。北九州の倭人たちが、より強く生きる力とその策を、中国や朝鮮から直接学びとっていた足跡を、前に述べた板付遺跡や吉武遺跡などの玄界灘沿岸の遺跡にうかがうことができるのである。これらはみな、ほぼ紀元前一五〇年から一〇〇年ごろに起こったことだと考えていただきたい。

「金印」の発見

福岡市で発見された、日本に一つしかない考古遺物——それはいわずとしれた「金印」である。天明四（一七八四年）二月二十三日。（以下、発見と届けの経緯について省略）

金印は庄屋から郡奉行へ届けられ、九代藩主黒田斉隆《なりたか》のお蔵へ納められた。事態を重大だと直感した福岡藩は、西の藩校・甘棠館《かんとうかん》の総裁をつとめていた儒者・亀井南冥《なんめい》にその印章の研究、調査を命じた。

南冥は、その調査の結果を『金印弁』という本の中で次のように説明している。「印の面に彫られた五文字は『漢委奴国王《かんのわのなこくおう》』と読めます。『後漢書』光武帝本紀の中元二（五七）年春正月のところに、東夷の倭奴国の王が使者を遣わして貢物《みつぎもの》をしたので、光武帝が印綬《いんじゅ》を与えたと書いてあります。これは奴国の使者がわが国に持ち帰った金印に間違いありません」。

その後、右の説は金印についての基本的な解釈となった。しかし種々異論も出て、かんかんがくがく。論争は今日まで尾を引いているといってよいだろう。（異論の中

心は偽物説である。以下中略）

福岡市博物館（福岡市早良区百道浜《ももちはま》）の二階展示室のほぼ中央に特別に装置されたガラスケースに、燦然とその存在感を誇る金印！　堂々とした大きな印を心に描いていて同館におもむき実物を目にした瞬間、それがあまりにもちいさいのに驚き、かつ異様な輝きに眼を奪われる。（以下　金印の感想省略）

（「漢委奴国王」の五文字の）「委」は倭、つまり日本の初期筑紫政権のこと。奴国は現在の福岡市・春日市・大野城市一帯の福岡平野を指す。この奴国の王は、後漢のみやこ洛陽に使者を遣わし、生口《せいこう》（奴隷のこと）を主とする貢物を捧げた。朝貢国となることで、後漢の権威やその象徴となる銅鏡、あるいは武器や農具の素材である鉄（または鉄器）を中国や朝鮮から手に入れ、傘下の小国にそれを配給し、自らの勢力と地位を高めていったのであろう。奴国の遺跡には、王、大夫《たいふ》、群集という序列を象徴する墓がみられるという。

このように、金印に記された漢委奴国王は、その奴国は福岡平野にあった国と武野先生は説明されます。これは、他の学者の方々の大多数の意見となっています。

ただ残念ながら、福岡の碩学亀井南冥が解読した「金印の五文字」は、武野先生が仰るように、「かんのわのなこくおう」という読みではなく、後で述べますが、「ヤマトノ国王」だったのです。なぜこのような間違いを武野先生がなされたのかわかりません。武野先生は中世の博多の経済史がご専門です。古代史の先生方の通説が「奴＝ナ」だから亀井先生もそうだっただろう、とされたのかもしれません。

古代史専門家の意見は

古代史専門の学者の説明も見ておきましょう。

まず、古代史の文献学者として一定の評価がある佐伯有清氏の意見を紹介します。氏は、一九二五年生まれ。東大、院、国史学専攻です。北大教授を長くつとめられ。定年退官後成蹊大学教授を歴任し二〇〇五年に歿されました。著書多数で、最後の出版は、『邪馬台国論争』（岩波新書、二〇〇四年）です。古代史では、「東大の九州説」の伝統にのっとった九州説から、晩年には京都大学の内藤湖南に代表される「京大の近畿説」への回帰を唱えられました。次のＵＲＬで私のその『邪馬台国論争』の書評「所詮、古代史学会というコップの中の論争」を読むことが出来ます。

http://www6.ocn.ne.jp/~kodaishi/yaridama16saekiarikiyo.html（検索語　槍玉その16）

佐伯有清氏は、『魏志倭人伝を読む』（吉川弘文館、二〇〇〇年）で次のように「奴国」について説明しています。その説明によると、金印をもらった「委奴国」の「奴国」も、倭人伝に伊都国の近くにあると書かれている「奴国」も同じ国という認識のようです。その佐伯氏の「奴国」の説明を紹介します。

（「奴国」とは）『日本書紀』仲哀天皇八年正月己亥条に「儺県《なのあがた》」、神功皇后摂政前紀に「儺河《なのかわ》」、宣化天皇元年五月辛丑朔条に「那津《なのつ》」とみえる地。現在の福岡県春日市をふくみ、今の福岡市博多区・東区を中心とする一帯の地方。

奴国の後漢への遣使について、『後漢書』光武帝紀、中元二年正月辛未の条には、「東夷の倭の奴国王、使いを遣わして奉献す」とある。この記事に対応するものに同書倭伝の「建武中元二年、倭の奴国、奉貢朝賀す。使人自ら大夫と称す。倭国の極南界なり。光武賜うに印綬を以てす」がある。（中略）天明四（一七八四）に志賀島で発見された「漢の委《わ》の奴《な》の国王」という文字が刻まれた金印は、建武中元二（五七）に倭の奴の国王が光武帝から賜わったものである可能性が高い。

奴国の中心地であったと考えられている地に存在している須玖岡本《すくおかもと》遺跡（福岡県春日市岡本五丁目を中心とする一帯）には奴国の王墓とみられる甕棺墓を中央に多数の

甕棺墓が集中している。鏡についていえば、この遺跡から三〇面前後の前漢時代の鏡が出土しており、（中略）楽浪郡を通じての漢文化の流入のさかんであったことを物語っている。対馬国から奴国につづく不彌国までの戸数のうちで、奴国の「二万余戸」という戸数は、他を圧しており、この国が栄えていたことをしめしている。

と、金印を中国からもらった「委奴国」は倭人伝に記載のある「奴国」と同じ、という理解のようです。

これは、九州の考古学者として名のある小田富士雄先生も同様な見解のようです。

小田先生は、一九三三年、北九州市生まれ。九州大学史学科を卒業。博士課程中退後別府大助教授。北九州市考古博物館館長から一九八八年、福岡大学教授。二〇〇四年、定年退職後名誉教授として現在に至る。二〇一三年には西日本文化賞を受賞。著書多数。という経歴の方です。

その小田先生の最近の著書『古代九州と東アジアⅠ』（同成社、二〇一二年）のなかで、奴国などの「倭人伝」に出てくる北部九州の国々について次のように仰っているのです。

北部九州のクニグニにもいくつかののランクがあり、大人層の合議によって国政が動かされた段階、——吉野ヶ里・樋渡・立岩——、さらにその上に君臨する王が析出された段階が設定できた。

ところで最上位にランクされた奴国・伊都国は、中国王朝に入貢して王として格付けされたのであるから、他のクニグニとは区別されていたことは明らかである。中国側が王と認定した根拠、すなわち国際的にも王に格付けされた基準はどのようなものであったのであろうか。

このような問題を考える上で参考にされるのは『魏志』韓伝にみえる「大国萬餘家、小国数千家」の記載である。

これを当時のクニグニに応用してみると、人口万戸以上の大国に相当するのは伊都国・奴国・投馬国・邪馬台国であり、数千戸以下の小国に相当するのは対馬国・一大（支）国・末盧国・不弥国などである。

中国王朝が北部九州のクニグニで王と認めた証として、下賜された璧や大量の漢鏡を保有していたのは奴国王墓と伊都国王墓のみである。

中国王朝が王国と認めたのは大国に相当するクニであり、その首長を王として承認したことが知られるのである。

自余のクニグニの首長たちが王を自称したとしても、それは国際的に承認された

「国王」とは同一視しえないところであろう。(ついでにふれるならば北部九州で七万余戸を擁する邪馬台国に比定しうる地域が存在するであろうか)。

つまり、奴国が福岡平野の国であり、その国が戸数二万であり、その三・五倍の七万戸という、いわゆる邪馬台国は北部九州以外に存在した、と。言外にいわゆる「邪馬台国」は近畿地方説、を意識して仰っています。

しかし、近畿地方に「奴国」とされる福岡の三・五倍の弥生時代の出土品がある遺跡が存在しているか、については、考古学者ですのに口をつぐんでいらっしゃるのは理解に苦しむところです。

また、伊都国は、『魏志』には一万戸でなく千余戸と書かれていて、小田先生が万戸以上の大国とされるのは必ずしも正しいとは言えません。現存していない『魏略』という本が、他の書物に引用されている部分、「逸文」といわれる文章に拠るものではないか、と思われます。(この戸数問題については、第六章で伊都国についてまとめているところで詳しく述べます。)

「奴国」についての小田富士雄先生の認識は、存在した場所は福岡市・春日市を含む福岡平野であり、その根拠は、金印の「委奴国」と倭人伝の「奴国」、『日本書紀』の「那の津」

「儺県」というところのようです。

古来、この金印の読み方について、学者先生方がいろいろと、昔風に言うと、侃々諤々《かんかんがくがく》と意見を述べられています。その論争を見て行こうと思うのですが、その前に、そのような「漢字の読み方」については、辞書を引いてみればよいのではないか、と思われることでしょう。しかし、古代の漢字の読み方には時代によって変わっているのです。

漢字の読み方と辞書について

例えば倭人伝にも出てくる「都《みやこ》」がどう読まれているのか、辞書を引いてみましょう。『広辞苑』を引いてみます。

と「都」(呉音はツ) ①みやこ ②㋑人口の多い大きな町、㋺地方公共団体の一。東京都の略称 ③みやびやかなこと ④おさめること ⑤すべて。みな。都度、都合

今度は漢和辞典を引いてみます。

学研『漢和大字典』では次のように説明しています。

邑8 【都】(11) 教 邑9 〔都〕(12)

ツ(呉)・ト(漢) (平)虞(模)

tag-to-tu-tu(dū・dōu)

当用音訓 ト「都心・首都」 ツ「都合・都度」 みやこ「都・都落ち」

意味 ❶《名》みやこ 人びとのあつまる大きな町。国の中心ときめた大きな町。類市。「都市」「建都＝都を建つ」「都城不過百雉＝都城も百雉（三千尺）を過ぎず」〔礼記・坊記〕

『漢和大辞典』（学習研究社）「都」

コピーが見づらいかも知れません。ここには次のような情報が記号で入っているのです。

邑扁《こざとへん》で八画、「都」は教育漢字で十一画。旧字体は、邑扁九画で、「都」総画数は十二。

読みは、ツ（呉）・ト（漢）。

四声の区別（上声・平声・去声・入声）では平声。

「詩韻」にみえる韻の名では、虞（模）。

歴史的な読みの変遷は、

tag ～to ～tu ～tu（du・dou）

上古音（周・秦）～中古音（隋・唐）～中元音韻（元）～北京語および現代語

というような説明がされているのです。

しかし、金印の時代の漢朝～倭人伝の時代の魏晋朝あたりでは、「都」は tag（タ）と読まれていたのか、それとも、to（ト）と読まれていたのか、これほど詳しく辞書では説明していても、倭人伝に出てくる「伊都国」は、「イタコク」なのか「イトコク」なのか、辞書からだけではわからないのです。

ただ、倭人伝に出てくる「伊都国」は、福岡県の糸島半島に「怡土県《いとあがた》」が後年存在していたことは明らかですから、伊都国は「イトコク」であり、「都」は「ト」であることがわかるのです。

このように、一世紀の金印の「委奴国」の読み、三世紀の倭人伝の「奴国」の読みも、辞書を引いただけでは確かかどうかわからないのです。

今まで見てきましたように古代の「奴国」の読み方について、学者も小説家も「奴国＝なこく」ということで一致しているようです。

しかし、『魏志』倭人伝を読んでみますと、「奴」を「な」と読むとどうしてもおかしい、理に合わないという疑念が去らないのです。

一介の古代史好きが古来の「奴国＝なこく」読みに挑戦するなど、全く蟷螂の斧かもしれませんが、読者諸兄姉におかれては、金印の「委奴国」の読み方、倭人伝の「奴国」の読み方について、今しばらく我慢して面倒な漢字の上古音の読み方についての論議をお聴きください。

第二章　金印の中の「奴国」

金印の五文字の読み方

金印の「漢委奴国王」の五文字の読み方は今までみてきました、武野先生、小田先生、佐伯先生の言われるように、「かんのわのなのこくおう」で間違いないのでしょうか、今一度確認しておきましょう。

大津透氏という当代の国史学を背負っていらっしゃる方がいます。経歴は、「一九六〇年生まれ、東京大学大学院修士課程修了。山梨大学助教授を経て、現在、東京大学教授。専攻は日本古代史、唐代史。主な著書に『古代の天皇制』『日本古代史を学ぶ』（岩波書店）、『日本の歴史06　道長と宮廷社会』（講談社）など。『天皇の歴史』シリーズ（講談社）編集委員」。

Wikipediaによりますと、「武蔵中・高卒、一九八三年、東京大学文学部卒（国史学専攻）」

とありますので、常に東大入学者数トップクラスの名門武蔵高から現役入学し、留年することもなく、極めてスムースに国史学の泰斗の地位を占められ方のようです。

この国史学の現役の最高峰に位置される方といってよいと思われる大津透教授は、金印の読み方について概略次のように説明しています。

（倭女王が「親魏倭王」に任じられる以前には、）『後漢書』倭伝、五七年（建武中元二年）に、〝倭の奴《な》、貢ぎを奉りて朝賀す。使人自ら大夫と称す。倭国の極南界なり。光武、賜ふに印綬を以てす。〟とあり、ここでは倭の中の一国である奴国王が冊封されたのである。

さらに、安帝一〇七年（永初元）のこととして、〝倭国王帥升等、生口百六十人を献じ、請見せんことを願ふ。（中略）〟とあり、ここで「倭国王」というまとまりが初めてみえるが、生口一六〇人と多いことと、「帥升等」という複数形の表記から倭の諸国の支配層からの持ち寄りであろう、実質的に初代の倭国王となったのが卑弥呼だったといえるだろう。（『天皇の歴史01　神話から歴史へ』講談社）

なお、わたしは、この大津教授の『天皇の歴史01』を読み、その内容について、棟上寅七のペンネームで批評をしています。それはネット上で、「槍玉その47ａ」で検索することができます。

それはともかく、大津教授が言いたいのは、中国から「漢委奴国王」という金印をもらったのは、倭人国の内の「奴国」という小国であり、倭国王というまとまりのある国家ではなかった。漢書に倭国王として出ている帥升という人物も、伊都国王とかそのような小国の王と思われ、倭国全体の王ではなかったのだ、ということでしょう。

これについての疑問を上げてみます。まず最初に問題にしたいのは、大津教授の読み下し文です。これでは全く文章の意味が通りません。擬古文調の大津教授の文章を平たく読んで見ますと、

倭の奴国が貢物を持ってやってきた。使いの者は自分を大夫と名乗った。（倭の奴国は）倭国の一番南の界《さかい》だ、ということで光武帝は印綬を賜わった。

ということになりましょう。

建武中元の記事の原文は次の通りです。

「建武中元二年倭奴国奉貢朝賀使人自称大夫倭国之極南界也光武賜以印綬」

大津教授の読み方では次のような疑問が出てきます。

①「倭奴国」は「倭の奴国」でよいのか。
②「倭国之極南界也」は「倭国の極南界なり」でよいのか。これで意味は通るのか？
③「光武賜以印綬」は「なに」を以って印綬をあたえたのか。与えた理由は何か？

①については古来諸説があるようです。志賀島から出土した「漢委奴国王」印の「委奴国」も同様の問題を含んでいます。

金印の「委奴国」の読み方は後にして、まず『後漢書』の記事の「倭奴国」の読み方について検討します。

中国の天子が夷蕃の国に「漢の倭の奴国」というように、三段読みをするような小さな国へ印綬を与えた例があるのでしょうか。つまり、倭国の中の奴国という、間接的な支配権がある小国に直接印綬を与えるものでしょうか？

これはたとえて言うと、江戸時代に幕府が陪臣に直接領地の支配権を与えるようなもので、理解しがたいことです。やはり、ここは、漢帝国が自分の庇護下にあることと支配権を認めることを示した印綬渡し、と考える方が合理的解釈と思われます。

大津教授が主張される、この「漢の倭の奴国」という三段読みに対する問題提起は、稲葉岩吉（陸軍大学教授）という方が、一九一一年『漢委奴国王印考』で次のようになされています。

一、奴国という小国の名が知られたのは魏の時からであり、漢代には未だ知られていなかった。
二、金印は「奴」のごとき小国に与えるものではない。
三、「漢の委の奴」と分けて読むは漢制に即していない。金印を与えるのは宗主国（中心の統率国）に対してであって、その陪従者（被統率者）ではない。漢が、倭の陪従者である「奴」を認めて大国の王となし、金印を与えたとするのは、正に不通の説である。

（三品彰英『邪馬台国研究総覧』創元社、一九七〇年より）

大津教授は、もっとまじめに『後漢書』の倭国記事の解釈の歴史を検討してもらいたいものです。古代史関係の学会には、権威者、つまり学会のボスの主張に反する意見に対して「無視する」ということで周りにボスの意見と違うのをさらしものにする、という悪弊がはびこっているようです。

大津教授には、そのような旧弊にとらわれることなく、自分の言葉で稲葉岩吉説に反論できるものならしていただきたいものと思います

論理的にいえるのは、「漢の倭奴国」に印綬は授けられたのであって、「漢の倭の奴国」にではない、ということです。

『後漢書』の「倭奴国」の読みは

そうすると「倭奴国」とは何と読むのでしょうか。『後漢書』が「倭奴国」に印綬を与えた、と書いているのです。その与えた時期は西暦五七年とこれはハッキリしています。この一世紀前後の読みについても諸説あるようです。

問題を整理して、以下の三つを確認し、先に進みましょう。

① 倭と委は同じ意味なのか。
② それぞれ何と読まれていたのか。
③ 奴は何と読まれていたのか。

先ほど述べたように、漢字の読みの解釈は難しいものです。例えば「奴」について辞書を引いても、漢音では「ド」、呉音では「ヌ」と言う説明があるのが一般的です。その、漢音。呉音が使われていた時期や地域についても諸説があります。しかも「倭」や「委」については、「ゐ」から後代には「わ」になった、という問題があり、その読みを複雑にしています。

倭を「ヤマト」と読み、奴を「ノ」と読んで「ヤマトの国」とこじつけたのは、前出の江戸時代の亀井南瞑です。一般的に、「倭」は「ヰ」「ワ」の両説、「奴」は「ド（ト）」「ヌ（ノ）」「ナ」の三つの読み方。この双方を組み合わせて、「イド、イヌ、イノ、ワド、ワノ」などの読み方が得られています。なぜか、「イナ」「ワナ」説は日本語《やまとことば》的でないのか、あまり見られないようです。

『後漢書』に「倭奴国」として出ていますが、『魏志』倭人伝には「伊都国」という国名が出てきます。それで読みの類似から「倭奴〈ゐど〉＝伊都〈いと〉国」説が一般受けされるようです。

この倭奴国は、印綬下賜の半世紀後にも「倭国王帥升が朝貢した」という記事が出てきていますから、この倭奴国が倭国の代表であったという理解の方が、「倭国の中の奴国」という理解よりもはるかに合理的です。

後の中国の正史『旧唐書《くとうじょ》』にも「倭国は古《いにしえ》の倭奴国也」とあります。「倭国の中の奴国」という小国ということではとても理解できないのです。

また、同じく中国の正史『隋書』には、倭国伝ではなく、俀《たい》国伝として記されています。岩波文庫では、この『隋書』の俀国伝を倭国伝と書き換えて紹介しています。俀は倭の誤記として取り扱っていますが、そのように中国の正史の記事を、根拠も示さず、「誤記」として取り扱ってよいものでしょうか。

しかも、隋の煬帝は教科書にも出ていますが、俀国王多利思北孤《たりしほこ》から、「日出る所の天子、日没する所の天子に書を致す恙《つつが》無きや」という国書をもらい激怒しています。その『隋書』になぜ俀国なる言葉が出て来たのか、を考えてみればわかることです。

多利思北孤は自分の国を大倭国と自称していたと思われるのです。国書に大倭《だいゐ》国天子と自署名していたものと思われます。怒った煬帝は、何が大倭《たいい》だ、俀《たい》国でよい、としたのでしょう。俀は、弱いという意味のある漢字です。つまり、七世紀初めの煬帝の時代まで「倭」は「井（イ）」と読まれていたことの傍証になります。

また、「奴」は、後で詳しく検討しますが、皆さんご存知のように、わが国のひらがなの「ぬ」は「奴」のくずし文字です。八世紀以前に成立したといわれる『万葉集』には、「奴」は全て「ぬ」であって「ど」という読みに使われていません。

金印の「奴国」とは?

史書では「倭奴国」なのに、金印には「委奴国王」と「倭」でなく「委」が使われているのは、「倭」と「委」が「漢代」では同じ読みであったことは間違いないと言えるでしょう。

この同じ読みが「わ」なのか「ゐ」なのかという問題が次に残ります。

古今の辞書を引いても、「委」は「ゐ」「い」の二つの発音だけしかなく、「わ」の読みは存在していないのですから、「奴」の読みがなんであろうと、委奴国を「わ奴国」と読めないという論理になります。つまり、定説の「わのなこく」はありえない、ということになるのです。

このような単純な論理による結論を、なぜ偉い学者先生方は認めようとしないのでしょうか?

「委」はわが国では「わ」と読まれていた、と主張する学者もおられないわけではありません。

考古学者森浩一先生は、「木簡に『伊委之』と「いわし」の事を書いてある。だから「委」

志賀島金印公園に設置されている金印の拡大印章。正面は能古島

は「わ」と読んでいた」といわれます（『倭人伝を読みなおす』ちくま新書、二〇一〇年）。

森浩一先生は、一九二八年生まれ。同志社大学卒業で同志社大学教授。考古学の泰斗と言われましたが、残念ながら二〇一三年に歿されました。いわゆる邪馬台国九州山門説の方で、北部九州から邪馬台国が東遷した、という説をお持ちでした。考古学者でありながら、古代の遺物の重要な品目「鉄」と「絹」について全く取り上げられないという不思議さがあり、文字文献についても、「臺」の字を「壹」と『魏志』に書かれているのは、「減筆」による、というような非常識とも思える説を提唱されていました。

この『倭人伝を読みなおす』という著書については、わたしは棟上寅七のペンネームで、その本の書評を書いてネットに出しています。「槍玉その45」で検索できます。

この、森先生が指摘されるその「いわし木簡」は、しかし、八世紀頃のものです。八世紀のわが国では、「倭」を「やまと」、倭国を「やまとのくに／わこく」と読ませていたようです。ですから、「伊倭之」と書くべきところを、略字を使って「伊委之」と木簡に書いた、という可能性の方が高いと思いますし、八世紀のわが国の「委」の発音が「わ」だから、一世紀の中国の「委」の発音も同じ「わ」という証拠にするには弱いと思います。「委」は「ゐ（い）」なのです。

「委」の読みが「ゐ」であって、かつ金印の読みは三段読みにするべき、奴は「な」である説とすれば、その読みは、「かんのゐのなこく」となるのですが、古来どなたもそのような主張はされません。つまり、「委」を「わ＝やまと」という前提での三段読みということなのです。

このような議論を論理的に考えれば、三段読みはありえず、二段読み、つまり「漢の委奴の国王」となります。つまり「委奴国」であり、二百年余の後の『魏志』倭人伝に出てくる「奴国」とは違う国名ということです。

「委」が「わ」と読めないのであれば、「委奴国」は「ゐ（い）どこく」または「ゐ（い）ぬこく」のいずれかになる、というのが、論理が至る道筋でしょう。

先の大津教授の『後漢書』の記事の読みの問題点で述べたように、『後漢書』の記事のなかの三つの問題点のあとの二番目の問題、光武帝は何を以て印綬をあたえたのか、極南界とはどういう意味か、についても興味ある問題を含んでいますが、今は「奴国」問題が中心ですから今回は割愛します。

金印の「委奴国」の読みは、「ゐどこく」か「ゐぬこく」となるということの結論は、金印に刻んである「奴国」は、「委奴国」であり、わの「奴国」として教えこまれていた福岡県人の常識とは異なるものです、それに、金印をもらった国と「奴国」とは同じではない、ということになりました。

では、金印をもらった国は何という国なのか、「ゐどこく」なのか「ゐぬこく」なのか、「奴」の読みの検討にうつりましょう。

もとに戻りますが、亀井南冥先生の著した『金印弁或問』「天明四年」には次のように、「委奴＝大和」説です。

「ヤマトノクニノ云詞ニツイテ、奴ノ字ヲ加ヘテ、倭奴国《ヤマトノクニ》ト記シタルナルベシ。奴は華音ニテ、『ノ』ト出ルナリ」（古田武彦『失われた九州王朝』より孫引き）

つまり亀井南冥先生は「奴＝ノ」と読むべき、「ヤマトノクニ」と説かれたのです。漢委奴国王を「かんのなのこくおう」と読んだのは、儒者竹田定良です。この方は福岡藩藩校修猷館《しゅうゆうかん》の開設者です。武野先生は二人を取り間違えられたようです。

後日談になりますが、亀井南冥は後に罪をとがめられ閉門蟄居の身となり、せっかく金印の読みで名を挙げた甘棠館《かんとうかん》は潰れ、一方、修猷館は現在も、福岡県の最高クラスの高校として残っているのは歴史の皮肉でしょうか？　この南冥がとがめられた「罪」が不明ということも、後で述べますが、金印の素性の謎を深めています。

委奴国を「いどこく」と読んで、三世紀の史書『魏志』倭人伝に出てくる伊都国である、という説を唱えた人に上田秋成（十八世紀の国学者、『雨月物語』の作者）がいます。

現代でも、古代史研究家内倉武久氏（一九四三年鹿児島生まれ。慶応大卒業。元朝日新聞記者。古代史研究家。『太宰府は日本の首都だった』ミネルヴァ社、二〇〇〇年、ほか著書多数）も伊都国説です。「奴」は漢音で「ト」であり「委奴国」は「伊都国」と、奴＝ト説を主張されています。しかし、三世紀の倭人伝での「奴」については、「奴＝ト」説は取られていません。（倭人伝における「奴」の読みについては後に述べます。）

金印に彫られている倭奴国の「委」は「ゐ」であり「い」とは発音が違った、という意見もあります。しかし、中国人が倭人の発音を聞いて書き表した国名でしょうから、「い」と倭人が発音しても、その「い」を「委〈ゐ〉」で書きあらわしている可能性は大です。

「委奴国＝伊都国」説について指摘しておかなければならないのは、一世紀の金印に刻まれた「委奴国」が、後年、三世紀の倭人伝に記された「伊都国」と同じ国とすれば、なぜ倭人伝に「委奴国」もしくは「倭奴国」ではなく「伊都国」と書かれるようになったか、『三国志』の著者、陳寿が何らかの注書きをしてしかるべきでしょう。

後年五世紀に、『三国志』に詳しい注を付けた中国の史家、裴松之《はいしょうし》という人がいます。彼は。『三国志』本文よりも述べ字数の多い注を付けています。彼が、後漢時代の倭奴国が伊都国であったとすれば、このような重要なことを見逃したのでしょうか。裴松之は『魏略』という、現代には断片的にしか残っていない書物から多数引用しています。『魏略』にも三世紀の「伊都国」は一世紀の「倭奴国」、もしくは「委奴国」だった、ということは書いていなかった、ということはいえるでしょう。

金印の「奴」の読みは

亀井南冥先生が「奴＝ノ」と読むべき、と解釈したように、近世の日本語では「奴＝ぬ・ど」が一般的ですが、古くは「奴＝ぬ＝の」であったようです。皆さんご存知のように沖縄方言では、沖縄県人以外の日本人のことを「ヤマトヌ（ン）チュ」というように、今でも所有格の「の」は「ぬ・ん」と発音されています。（沖縄方言については、三世紀の倭人伝の「奴」の読み、にてもう少し詳しく述べます。)

「委」が「ゐ」であって、「奴」が「ぬ・の」であれば、「委奴国」は「ゐぬ(いの)国」になります。瑞穂の国の、水が豊かな「井野国」であった可能性はあるのではないかと思います。しかし、地名では、その「ゐぬ」「いぬ」「ゐの」「いの」という地名はかなり広範囲に見出されると思います。

名前だけでなく、考古学的遺物などなど総合的に「委奴国」は比定されなければならないでしょう。

わたしの住まいの近く福岡県久山町に、「猪野《いの》」という地名があります。旧かな遣いでは「ゐの」です。その地から、博多湾に注ぐ多々良川の支流「猪野川」という河川が流れ出しています。この近くの「八田」から銅矛鋳型の出土もあり、近くを流れる「タタラ」川という河川名から古代製鉄が行われた可能性も充分考えられます。その「猪野」の地には現在「伊野大神宮」が鎮座しています。充分「委奴国」の資格はあるように思われます。(猪《ゐ》=伊《い》という変換が無理なく行われている例でもあります。)

歴史が古い地域には、このような「ゐぬ」「ゐの」「いぬ」「いの」などの地域名はたくさん残っていることでしょう。しかし、「地名の類似」からの「地名比定」には問題があることを、例えば「大和」と「山門」、「不彌」と「宇美」などです。後で、いわゆる「邪馬台国」探し、のところでこの「類縁地名」について詳しく論じます。

いずれにしても、「倭奴国」は中国側が表意的に付けたのか、日本側が名乗った名前に表音的につけた名前なのか、という問題は残ります。日本側が告げた名前を中国側が表音かつ表意的に記録したというのが常識的な解釈と思いますが。

言えることは、一世紀当時の倭人の国を統括していた「倭奴国」が、三世紀には「邪馬壹国」であったこと。そして、三世紀の「奴国」は、女王国の一員としての一国である、と中国の史書に記載されていることで、一世紀の「倭奴国」は決して三世紀の「奴国」ではないことははっきりした、ということでしょう。

三世紀の「奴国」をはっきりさせると、一世紀の倭国の代表「倭奴国」が三世紀には邪馬壹国にと変わったという、その謎も解けるのではないでしょうか。そのためには、三世紀の我が国の状況を記載している、『三国志・魏書』東夷伝倭人の条（通称「倭人伝」）の記事を検討しなければなりません。（以下、『魏志』倭人伝と書きます。）

しかし、『魏志』倭人伝が玄人素人を問わず歴史研究家の興味を呼ぶのは、いわゆる「邪馬台国」探しです。一応その、いわゆる「邪馬台国」探し　を説明して、そののち、「奴国」の在処についての検討を進めたいと思います。

金印にまつわる謎

ここまで金印に刻まれた五文字「漢委奴国王」の読みについて、字引オタク的な話を進めてきました。ここで一息ついて、金印そのものの謎についても検討の結果をお話しておきたい、と思います。

この志賀島で発見された金印は、偽造されたとか、源平合戦の折に平家が負けた折に、安徳天皇方が志賀島に隠匿した、という説もあります。

この金印の伝えられる出土状況は、「墓域」からではなく、田畑の中からであり、金印は埋納されていたのではなく、隠匿されていたのではないか、という説が根強いようです。「季刊邪馬台国」（梓書院）の編集責任者、安本美典氏はその著『奴国の滅亡』（毎日新聞社、一九九〇年）で、そのような金印にまつわる各説について詳しく述べられ、発見された状況から見て墓地ではないとする鑑定の経緯について、斎藤忠（東大考古学教授、故人）先生とほぼ同意見と説明をされています。

なぜ田圃《たんぼ》から発見されたか、ということについて安本美典氏は、金印について研究された二人の先人、中山平次郎（九州帝大医学部教授で考古学者、故人）と和田清（東京帝大東洋史教授、故人）両氏の意見を紹介して次のように述べています。

中山平次郎氏や和田清氏は、このように、金印は、倭国内の戦禍によって、隠されたものであろう、とする。あとの女王国などであろうと考えられる「南方からの大敵」によって、「奴国」は、うち滅ぼされたのであろう、その際隠匿されたのだ、とする。

私も、中山平次郎氏や和田清氏の考えに賛成で、博多湾岸にあった奴国は、新しく筑後川流域に勃興した邪馬台国によって、ほろぼされたと考える。

と、ご自分の邪馬台国筑後説に基づいた説を展開されています。

この安本美典氏は一九三四年生まれ。京都大文学部卒・産業能率大学教授・古代史研究家。特に、数理統計学を駆使して古代史の解明する手法で有名。邪馬台国甘木説で、古田武彦批判の最先鋒の方。「邪馬台国の会」を主宰し、そのホームページや「季刊邪馬台国」を通じて古代史の解明に努めている方です。

閑話休題《もとにもどります》。

安本美典氏が紹介するように、「金印は別のところから出て江戸時代に埋められた」という説が古来根強くあります。

福岡県朝倉の古代史研究家村山義男氏が、その著書『邪馬台国と金印』（新人物往来社、一九七四年）で詳しくその根拠を述べています。

村山義男氏は邪馬台国筑紫平野夜須説の方です。金印に関する資料も多数渉猟されています。簡単にまとめますと、次のようなストーリーです。


金印は、糸島の小さな神社（社名不詳）の神宝であったものを、神主が同郷の亀井南冥に売った。

金印の発掘状況を創作し南冥が細工した。

藩は南冥の話に乗って買い上げ南冥は主宰する甘棠館《かんとうかん》の名を上げた。

のちに藩は南冥の小細工を知り、廃嫡的な処分をした。

しかし、閉門蟄居までの厳しさではなく、秋月支藩の講義などは続けていた。

晩年には徘徊など奇矯な行動が多くなり、自宅の失火で焼死した。

というものです。

一方、古田武彦氏の説はユニークですが、説得力に富んでいます。

古田武彦氏は、金印は糸島の王墓から出土したのではないか、志賀島出土説は架空の創作物語ではないか、と言われます。

金印の発見についての定説には不審な点がいくつもあり、いくつかの伝承・証言が無視されている、とされます。

この説は、二〇〇七年年一一月七日に福岡コミュニティ放送で放送されました。題して「金印の謎―五方皆得」の古田武彦説の概要です。

①金印の発見時の古文書、甚兵衛さんから郡役所への口上書には数々の不審点がある。
②仙崖《せんがい》和尚の「天明四年丙辰・志賀島小幅」に書かれた内容と、「甚兵衛口上書」とには相違点がある。
③細石《さざれいし》神社の宮司の、「金印は神社の宝物であった」、という証言がある。
④金印は王墓から出ているべきなのに、志賀島の田圃からという不審（福岡の考古学者塩屋勝利氏は、志賀島の調査を永年行ったが、出土地とされる叶の浜付近にはその痕跡は全くないといわれる）。

⑤天明時代に井原鑓溝《やりみぞ》遺跡が発見され、近在の農夫が出土品を勝手にとった、という記録がある（久米雅雄大阪芸大教授も言及している）。
⑥亀井南冥《なんめい》の子供　昭陽の話として、「南冥が金印を買った」と言ったことが残っている。
⑦南冥は、「金印の判定」の約三年後、理由不明で藩より閉門蟄居を命ぜられ、終生家を出ることがなかった。

以上の諸点をクリアできる推論として、次のように「五方皆得の話」として古田説を展開されています。

・井原・平原などの弥生遺跡（王墓）から出土したのではないか。
・金印発見者が、地域の神社の細石神社に納めたのではないか。
・その社宝が、何らかの理由で人手に渡り、売りに出された。
・漢学者亀井南冥がそれを十五両で買い取ろうとしたが、百両といわれ値が折り合わなかった。
・福岡藩がそれを知り、金印の鑑定を、南冥の甘棠館と藩校の修猷館の両者にさせた。
・南冥は、中国からヤマトノ国王に下賜されたものであり、出土の経緯を南冥が創作した。

・修猷館側は、源平の壇の浦の戦いで安徳天皇が入水《じゅすい》された折、紛失されたものが流れ着いたのであろう、とした。

・南冥の説の方が理に適うとされ、南冥は面目を施し、主催する学校、甘棠館の方の名が上がった。

・藩は五十両で買い上げ、天下の秘宝を手に入れることができた。

・売り手は、おそらく二十両くらいで、（社宝を）手に入れたのであろうからかなりの儲けになった。

・志賀島は那珂郡であり、郡役所の津田源右衛門も面目を施した。

・発見者とされた甚兵衛も白銀五枚程をもらえた。

・このように関係した五者がそれぞれ得をしたことになる。

・しかし、その後出土状況の不審から藩に罰せられた。

以上です。短波放送を車の中でのメモ書きです、間違いもあるかと思いますが、ストーリーはほぼ以上のようなことでした。その後古田武彦氏は、この件をミネルヴァ書房の古田武彦コレクション版『失われた九州王朝』（二〇一〇年）に付された「日本の生きた歴史

（二）第二志賀島の金印の『?・』」でまとめて述べられていますが、推理的要素は極力省かれていますので、このコミュニティ放送で話された内容程詳しくはありません。

なお、金印にまつわる謎解きは、三浦祐之氏が、『金印偽造事件』（幻冬社新書）として二〇〇六年に出版されました。

なお余談となりますが、三浦佑之氏は、『古事記』研究家として著名です。特に『古事記』の抒情性に注目して解説されます。「それはちょっと違うんじゃないの、『古事記』にはたくさんの強食弱肉の皇位争奪が記録されているのに」と、三浦佑之氏の『古事記講義』（文春文庫、二〇〇七年）に対して、棟上寅七が書評を書いています。

興味がある方はパソコンで検索語「槍玉その20」で検索してください。

再び閑話休題《それはさておき》、三浦佑之氏のストーリーは次のようです。

・いわゆる発見者と発見地の疑惑
・富商の平山（米屋）才蔵、郡役人津田源次郎、儒学者亀井南冥の同郷トリオ（糸島出身）が金印を偽造した。
・首謀者は亀井南冥で実行者は才蔵。

・偽造は京都の篆刻職による。
・なぜ？　つまり動機ですが、次のように推理されています。
「甘棠館と修猷館の開校が黒田藩で認められたのは、金印が出現する前年である。世間には類例のない一つの藩の二つ藩校の開校であった。南冥一派は南冥の株を上げるために、南冥の学者としての能力を見せつけ、世間をあっといわせることが必要だったから」と。

わたしが三浦説を読んで不思議というか疑問に思ったところは、次の二点でした。
①なぜ、贋作する印章の材料に「金」をえらんだのか。その説明が三浦さんは出来ていない。
『魏志』には卑弥呼に親魏倭王の金印を与えた、という記事があることは知られていましたが、『後漢書』の記事にある、倭奴国王に与えられた印綬が金印であったとはどこにも書いてないのです。金印の出土例は江戸時代には知られていなかったのです。

そういうことから、中国の皇帝が夷蕃の王に金印を与えるはずがない、銅印が普通だ、というのが従来の金印偽造説の根拠でした。これは、一九五六年に雲南省晋寧県にある石寨山古墳《せきさいさん》から、滇王《てんおう》の金印が出土して初めて消えたのです。

②なぜ陰刻《いんこく》の印章としたのか。

古代の皇帝が下賜する印綬の印は、陰刻（封泥《ふうでい》のため。木簡や竹簡を入れた箱を蝋で封印をし、そこに印を押すため、現在のように字が盛り上がっているのではなく、字形が彫り込まれている）によるものです。紙が使われるようになって、印章は陽刻《ようこく》となったのです。

むろん、陰刻でも紙に押印は出来ますが陽刻の方がくっきりとした印が押せます。今我々が使っているのも陽刻によるものです。当時の京都の彫師にそのような知識が果たしてあったのでしょうか。

以上の二点について三浦さんは全く言及されていないのです。

陰刻については、現在福岡市立博物館で金印の詳細な篆刻の状況を見ることができます。その写真を掲載できればよいのですが、行って見てもらえれば一目了然です。

それは、五十倍程の拡大写真です。そこには明らかにU形に刻まれていて、封泥用の印章ということがハッキリ見えています。陰刻の場合、封泥用の場合封蝋にくっきりとその

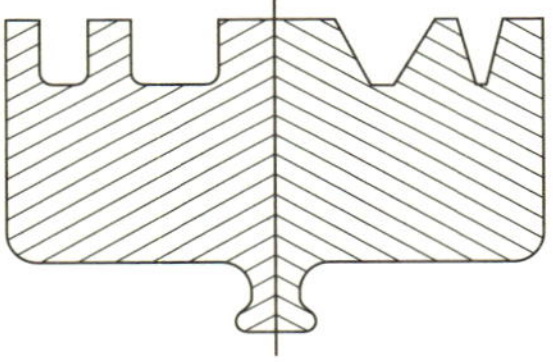

印刻印章の断面図

押し痕を残すためには、溝をU型に彫る必要があります。一方、書面に押す場合は、溝の形を気にすることなく、作業が簡単なV型で彫れば良いのです。

これを図で示しますと上の図のような印章の断面となるのです。

ともかく、同じような記録・伝承を使って、片や「偽造金印説」の三浦佑之氏、古田武彦氏は「金印出土状況細工説」と全く結論は違っています。だから古代史は面白い、と思います。

第三章　倭人伝の中の「奴国」

『魏志』倭人伝の「奴国」

金印をもらった一世紀の倭人の国を代表する「委奴国」と、三世紀の倭人伝にある女王国の下にある国々の内のひとつの国の「奴国」とは異なった国ということが、今までの検討ではっきりしました。

倭奴国王がもらった金印の漢の委の奴《な》の国王の読みも、その読み方の淵源をたどると、倭人伝の「奴国」の「なこく」読みから遡って援用されていました。

そこで、一世紀の後漢時代の「委奴国」の読みは別として、三世紀の倭人伝に出てくる「奴国」は何と読まれたのか、ということをいま一度はっきりさせておきましょう。

三世紀の『魏志』倭人伝に出てくる「奴国」とは何とよばれた国なのでしょうか。まず「奴国」の読みの諸説についてチェックしておきましょう。

「奴国」の「奴」については、「奴＝ナ」ではない、「奴＝ドもしくはノ・ヌ」という意見は多く、著者も以前、「奴はナにあらず」という小論を、棟上寅七のペンネームで述べたことがあります。（「古田史学の会論集十二集」）そこでは、その根拠として次のような説明をしています。

倭人伝にはたくさんの表音文字が使われている。三十もの国名についても、倭人から聞いた名前と思われるものが漢字で表現されている。

しかし、不思議なことに、通説のように「奴＝ナ」とすると、倭人伝には、国名に「ナ」が入る国がたくさんあり、しかも、国名に「ノ」が入る国が一つもない、という現象が生じる。

我が国の地名や人名には「ノ」が入るのは、長野、上野、野田、日野、大野などたくさんの例がすぐ上げられるように、ごく自然だ。「ナ」も同じようにたくさんの例が上げられる、という反論が出ることだろうが、倭人伝にあげられている三十もの国の名前に「ナ」がたくさん入っていて、「ノ」が全くない、という結果をまねく通説の解釈は異常だ。この「異常さ」を数学的に見たらどうだろうか、と検証したわけです。

女王国が統轄する三十の国名に「奴」が入っているのは八国です。『魏志』倭人伝では、対馬や壱岐などがそれぞれ「国」として表現されていますから、当時の「国」は今の「県」より小さく「郡」程の大きさのように思われます。

女王国の在処は、西海道の可能性が高いと思われますので、西海道の郡名を平安時代（十世紀）に編纂された辞書、『和名類聚抄《わみょうるいじゅうしょう》』からひろい上げ、その郡名を数えたら二五五郡だったのです。

その、二五五個の母集団には「ノ」を含むものが二十一個あります。今その集団から三十個を拾い上げたら「ノ」が一個も入らないという確率を計算したら、四％でした。つまり「奴」が「ヌ／ノ」である確率は九六％です。


ここまでを論集十二集に述べたわけです。

また、「奴＝ヌ」若しくは転訛《てんか》した「ノ」であったとしても、「ヌ」から「ナ」への転訛はありうるのでしょうか。この方面の権威橋本増吉先生（故人、一八八〇〜一九五六年、東京帝大卒業、東洋史、慶応大学教授のち東洋大学学長）の著書を見てもそのあたりは判然としません。

しかし、「倭人伝」に用いられている表音文字には、「ナ」の表音文字が「奴」以外にもあります。「那」や「難」です。そのように「ナ」をあらわす文字があるのに「ナ」の表音文字として「奴」という文字を、それらと別に陳寿が選ぶのでしょうか？

しかし、日本の古代史学会は異常だと思われます。例えば内藤湖南先生でも、「奴」をあるときは「ナ」あるときは「ノ」と読んで平然としています。

同じ本の中でそれも同一の国名群に対して、このように「読み分ける」のはおかしいと思わないのは、裸の王様の家来たちと同じでしょう。

佐伯有清氏が『邪馬台国論争』という本で、内藤湖南先生の倭人伝の国々の地名比定地について次のように紹介しています。内藤先生のいい加減さを示す好例と言えましょうし、佐伯有清氏自体が、そのいい加減さに気付かずに紹介している例でもあります。

佐伯有清氏は、「内藤が卑弥呼を倭姫命に比定したのは、時代的にも、その係累からみても適当であるとし、魏志にある倭の国々を大和地方に比定してみせたからである」（『邪馬台国論争』）、と比定地を紹介していますが、倭人伝に記載されている次の九カ国にある十個の「奴」の字を「ナ」と読んだり「ノ」と読んだりしているのです。

「ナ」は五カ所。

①奴国（筑前那珂）、②蘇奴国（伊勢佐奈）、③鬼奴国（伊勢桑名）、④烏奴国（備後安那）⑤奴国（再出）」

「ノ」も五カ所。

①弥奴国（美濃）、②姐奴国（近江角野）、③華奴蘇奴国（遠江鹿苑）、④狗奴国（肥後城野）

このように、「ナ」でも「ノ」でもよい、地域のサイズも問わない、となれば、どこにでもこれらのワンセットの倭人伝に出てくる国々の名の比定はできるのではないでの、と誰しも思うのではないでしょうか。

しかしながら、このような、中学生にでもおかしいと思われる判断をする、古代史界の泰斗に対して、よい大人の佐伯有清氏はじめ誰もが批判の声を上げないというのは、この日本の古代史関係学会は、異常な判断基準を持つ集団と言われても仕方がないのではないでしょうか。

同じ文書（『魏書』）の中に表音語として用いられている一つの漢字が、いくつもの音を表していることなどあり得るものではない、という中学生でもわかる論理性を無視した日本の古代史学会の定説なのです。

奴は「な」ではない、の古田武彦説

「奴国」は「なこく」ではない、ということを述べたのは古田武彦氏です。氏は、『魏志』倭人伝の中に用いられている「奴」は、「ド／ト」若しくは「ヌ／ノ」であり、「ナ」ではない、ということについて、その著『よみがえる九州王朝』第二章「邪馬一国から九州王朝」で次のように述べます。

（三角縁神獣鏡について王仲殊論文が日本の考古学に与えた問題について述べた後）方法上、これに関連する重要なテーマがある。それは「博多湾岸、奴国説」だ。先ほどふれたように、これは先ず本居宣長の唱導にもとづくものだ（新井白石も『古史通惑《こしつうわく》問《もん》』で那珂《なか》郡としていた）。

「かの伊都国の次に言へる奴国は、仲哀紀に灘県《なのあがた》、宣化紀に那津《なのつ》とあるところにて」（『馭戎慨言《ぎょじゅうがいげん》』）という通りである。しかしながら、この宣長の論定方法には大きな欠陥がある。なぜなら倭人伝の表音体系の構造を無視しているからだ。この点、本題に入る前に一言しておこう。

倭人伝には「弥弥《みみ》」「弥弥那利《みみなり》」というように、「那」が表音表記に使われている。これは明らかに「ナ」の音だと考えられる。従ってもし博多湾岸を〝「ナ」国〟であるとしたら、ではなぜ「那国」と書かないのか、という問題が生じる。現に宣長も指摘している通り、後世「那の津」と書かれているではないか。これに対し、〝「那」は、三世紀には「ナ」と読まなかった〟。そのように論者が主張したいのならば、彼等はそれを〝立証〟せねばならぬ。なぜなら右の「弥弥那利」は「みみなり」と読む点において、異議提出者を見ないのであるから。しかし、わたしはそのような論証を知らない。このように、宣長の性急な判定には〝立論上の手抜き〟が見られるようである。

この手抜きされた宣長の構築に対して、現代の論者は、いわゆる近代言語学上の「上古音」という概念によって〝上塗り〟しようとした。〝中国の「上古音」では、「奴」は「ナ」であるから、やはり「奴国」を「『ナ』国」と読むのは、正しい〟というのである。

しかしながら、もし〝倭人伝は「上古音」で読む〟という手法なら、隣の「伊都国」も、(「都」の上古音は「タ」であるから)「イタ国」となってしまう。(現に鈴木武樹氏も、それをすでに指摘された)。しかし、あの「恰土郡」や「恰土村」をかつて「イタ郡」や「イタ村」と呼んだ、などという証跡は皆無なのである。一方の博多湾岸は

〝「ナ」の津〟の呼び名がつづいていた。矛盾だ。してみれば、〝「奴国」は「ナ国」と読める。その証拠は上古音〟といった議論も、「上古音」という学術用語という名の「鬼面」におどされるものの、その実体は意外にも脆弱なのである。やはり宣長の権威を「上古音」の虚名によって〝上塗り〟してみたにすぎぬ。わたしにはそのように思われる。

と、このように述べています。

しかしまだ、「奴」の上古音はどう発音されていたのか、というところまでには古田論証は及んでいません。古田先生は、「奴の上古音はナ」というのは虚言だと思われても、その証拠がなく、そこまでは断言できない、ということでしょう。

「奴」の上古音は

調べてみますと、この上古音の論者の論拠は、『学研漢和大字典』（学習研究社）に、「奴」の上古音は「ナ」とあるから、ということのようです。

ちなみに音韻学上の、上古とは周～漢代の頃のことで、中古とは南北朝以降のことをいうそうです。『三国志』が書かれた時代はちょうどこの中間にあり、「ナ」なのか「ノ」なのか決め難い、というところが問題をややこしくしているようです。

この問題について黄當時《こうとうじ》仏教大学中国語科教授（一九五三年生まれ。東大大学院博士課程修了。二〇〇一年から佛教大学教授、中国語学専攻）が『悲劇の好字』（不知火書房、二〇一三年刊）で『魏志』倭人伝の「奴」の読みについて次のように述べています。

> 中国の史官には、極めて高度な漢字の素養があり、提供された音声情報がたとえ「ナ／な」であったとしても、それを正確に伝達できないような「奴」という文字情報に変換することは、ほぼありえないため、倭人の提供したこの音声情報も「ナ／な」でなかったと考えてよい。（中略）ほぼ、と言うのは、『新漢和大字典』（学研、普及版）』が、上古音として nag を挙げているからである（傍線は著者）。

この『学研漢和大字典』は藤堂明保・加納喜光両氏の編纂によるものです。

ところで後で俎上に上げます、「邪馬臺国」の「臺」の字の読み方について藤堂明保氏の編纂による『学研漢和大字典』には、「上古音 ɖəg 近古音 ɖəɨ 中世音 ʈaɨ 」とあります。ちょっと見ただけでは分かり難いのですが、上古音に「ɖəg」つまり日本語読みだと「タ

【台】(5) 教　■一〔臺〕(14) 至 8　■二〔台〕

■一 ダイ㊌・タイ㊊　㊥灰(咍)
dəg–dai–t'ai–t'ai(tái)

■二 ㊀タイ㊌㊊　㊥灰(咍)
t'əg–t'ai–t'ai–t'ai(tāi)

㊁イ㊌㊊　㊥支(之)
diəg–yiei–i–i(yí)

当用音訓 ダイ「台本・鏡台」　タイ「台風・舞台」

注「颱」の書きかえ字として用いることもある。

意味 ■一〔臺〕(名) うてな　高い土台や物を載せる台。また、見晴らしのきく高い台。「台地」「台閣(高台の建物の意から転じて、中央政府のこと)」「文王以民力為台為沼=文王、民力をもつて台を為《つく》り、沼を為る」〔孟・梁上〕

■二〔台〕㊀「三台星」とは、上台・中台・下台の三星から成る星座。三公の位に当てる。▽転じて、敬語となり、人の字《あざな》を尊んで「台甫」、相手を尊んで「貴台」「台覧」という。

『漢和大辞典』(学習研究社)「臺・台」

もしくはト」と読めるような発音記号が書かれているのです。

そこで、「臺」を「ト」と読んだ例が本当にあるのか、古田武彦氏が、直接藤堂明保氏に問われたそうです。藤堂明保氏は、日本の歴史学者の皆さんが、「邪馬臺国」は「やまとこく」と読まれるので、というような説明をされたそうです。

このことは、日本の古代語音韻学について、極めて重要な証言だと思います。藤堂氏は残念ながら一九八五年に七十歳で亡くなり、今となっては古田武彦氏としても確かめる手立てはありません。

この藤堂明保氏とのやり取りは手紙でなされたそうです。プライバシーに関する問題があるかもしれませんが、今となっては重要な資料になると思います。さいわい、この経緯については、『邪馬一国への道標』（講談社、一九七八年）で古田武彦氏は次のようにかなり詳しく述べられています。

（倭人伝に記載されている、各国の官名をどう読むか、という問題で）「三世紀の読み」、これがなかなかの難事なのです。

わたしは倭人伝を探究しはじめたころ、当然ながらこの問題について読みあさりました。しかし、〝これほど著名な言語学者が言っているのだから、これはまちがいないだろう〟といった考え方、つまり「肩書主義」とキッパリ手を切っていたわたしにとって、明快な〝三世紀の音韻史料に裏づけをもつ、三世紀の確実な読み〟の解説には、どうにもお目にかかることができませんでした。それもそのはず、〝三世紀の体系的な音韻史料はない〟のです。

いや、正確に言えば『声類』という韻書が存在したことは知られていますが、残念ながら現存せず、例によって断片が注記の中に姿を現しているだけなのです。しかし、これらはあまりにも少量で、とても全体の音韻体系をうかがうに足りず、ことに倭人伝内に出現している文字の読みには〝直結〟しません。

それだけではなく、わたしは次のような文章に遭遇しました。

「『魏志』倭人伝で、『ヤマト』を『邪馬臺』と書いてあるのは有名な事実である」これは藤堂明保さんの名著とされる『中国語音韻論』（一九五七年）の一説です。ここでは逆に「邪馬臺＝ヤマト」から〝三世紀の臺の音は「ト」であったろう〟と推定され、これが好個の〝音韻史料〟とされているのです。

この点、直接、藤堂さんの三世紀に〝「臺」を「ト」と読んだという、三世紀の中国側の、確実な音韻史料が存在するか、否か〟をお問い合わせしたところ、しばらくして丁重な長文のお手紙をいただきました。その要旨は、〝音韻の変遷は、あくまで大勢上の議論です。ですから、特定の時点（たとえばこの三世紀）にどう読んだか、という、その確証となると、資料上容易に確定しがたいと言わざるをえません〟とのことでした。そこでその〝特定の時点の読み〟を〝確定〟するために、「邪馬臺＝ヤマト」という日本史側の「定説」が使われた。こういう次第だったわけです。

（同書二五一～二五三頁）

この藤堂明保氏という音韻学の権威と目されている方が、このように、「三世紀の時点の漢字の読みに日本の学者の定説を取り入れる」という編集方針で作られた『漢和辞典』が、三世紀の漢字の読みを縛っているし、学者側はそれを都合よく利用している、という学問

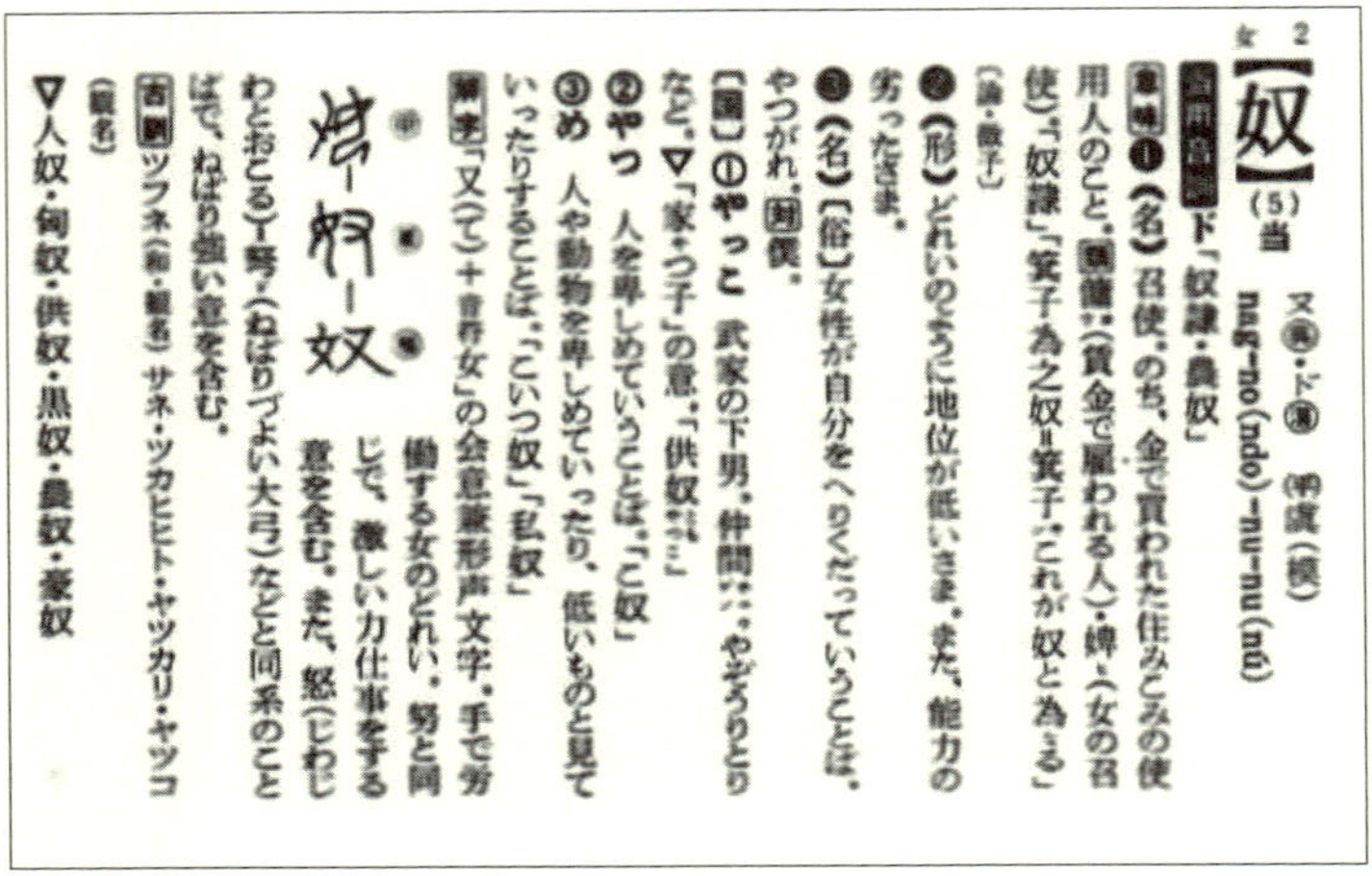
女 2

【奴】(5) 当 ヌ㊐・ド㊊ ㊥虞(模) nag-no(ndo)-nu-nu(nú)

常用音訓 ド「奴隷・農奴」

意味 ❶(名)召使。のち、金で買われた住みこみの使用人のこと。類僮(賃金で雇われる人)・婢(女の召使)。「奴隷」「箕子為之奴＝箕子これが奴と為る」〔論・微子〕

❷(形)どれいのように地位が低いさま。また、能力の劣ったさま。

❸(名)〔俗〕女性が自分をへりくだっていうことば。やつがれ。類僕。

〔国〕①やっこ　武家の下男。仲間。やぞうりとりなど。▽「家つ子」の意。「供奴」

②やつ　人を卑しめていうことば。「こ奴」

③め　人や動物を卑しめていったり、低いものと見ていったりすることば。「こいつ奴」「私奴」

解字 「又(て)＋音符女」の会意兼形声文字。手で労働する女のどれい。努と同じで、激しい力仕事をする意を含む。また、怒(じわじわとおこる)・弩(ねばりづよい大弓)などと同系のことばで、ねばり強い意を含む。

古訓 ツブネ〔和・観名〕サネ・ツカヒヒト・ヤツカリ・ヤツコ〔観名〕

▽人奴・匈奴・供奴・黒奴・農奴・豪奴

『漢和大辞典』（学習研究社）「奴」

の世界と思われない状況にあることを教えてくれます。

古代の漢字の読み方の辞書を編集するのは、非常に困難な作業であろうことは想像できますが、出来上がったこの一連の辞書は、古代史文献解釈に対し大いに問題がある作品と思われます。

ですから、この藤堂明保氏が編集された『学研漢和大字典』における「奴」の上古音の「ナ」読みも、おそらくは、「日本の歴史学者の皆さんが〝ナ〟と読まれるので」、ということを根拠にしているのは、ほぼ間違いないことと言えるでしょう。

しかし、古代史特に文献学者は、この『学研漢和大字典』に、「奴」の上古音にnagがあるということを根拠に、「奴」の「ナ」読みの間違いを気付くことがないようです（たとえ気付いていても知らぬふりをしているようです）。

しかし、「奴」の上古音に「ナ」があったとすることに、中国語学者から疑念を持たれていることは確かです。黄當時氏の著書を読むかぎり、中国の史資料にはそのような証拠が見当たらないようです。ただ、東大を卒業され、日本の大学で教鞭をとる黄當時氏にとっては、あからさまに日本の代表的漢和辞典の間違いを指摘するのは、ためらいがあるように思えます。

「奴＝ナ」説をとる学者は、『三国志』に出てくる「奴」を全て「ナ」で通せるのでしょうか。もし、それで通せるものならそれはそれで一つの見識でしょう。残念ながらそのような気骨のある学者、匈奴は「キョウナ」と読むなど主張する学者は皆無で、殆んど「奴」は時には「ナ」、時には「ノ」、と読む亜流内藤湖南の方々です。

しかし、常識的にいって、一つの書物に出てくる漢字「奴」の読みが、「ナ」もしくは「ノ」という混合だ、ということは、注釈がない限り絶対あり得ないことでしょう。このこと一つからでも、内藤湖南先生は基本的に誤りを犯していますし、従って、倭人伝の「奴」の読みを「ナ」で通せない内藤説は間違っていることになります。

つまり、このこと一つをとっても、「奴」の読みは「ナ」ではない、のです。

八世紀に編集された（詠まれた歌の作歌時点は七世紀以前の歌も多い）『万葉集』では、

「奴」は全て「ぬ」と読まれています。

国語学者橋本増吉氏によりますと、奈良時代「奴」は「ぬ」で「能」は全て「の」と詠まれた。しかし「怒」は、「ぬ」とも「の」とも読まれた、と仰っています。（『古代国語の音韻に就いて』岩波文庫）少なくとも万葉集に「奴」を「な」と読まれた例はないのです。

以上、上古音における「奴」の読みについて、検討してきました。

その間で「奴」だけでなく「臺」の上古音が「ト」であるといのが「定説」となっていることの根拠のなさも明らかになりました。つまり『魏志』倭人伝に書かれている「邪馬壹国」を「邪馬臺（台）国」と読み慣わすのは、倭人伝の女王国を「ヤマト」と読みたいがためのものであったのです。

「奴」は「ド／ト」である可能性はあるか

今まで述べてきように『魏志』での「奴」は「ナ」ではなくとも、「奴」は「ド／ト」と漢音では読む、という問題が残っています。古田武彦氏も踏み込めていないようです。

三世紀末に書かれた『魏志』には、「奴国」以外にも「匈奴」や「奴婢」という語が出てきます。今私達はそれぞれ「きょうど」、「ぬひ」と読んでいます。しかし、『魏志』という一つの書物では注書きがない限り、「奴」は同じ発音であったはずです。もちろん「奴国」の「奴」も同じ発音です。

「ヌ」であれば、匈奴《ぬ》、奴《ぬ》婢、奴《ぬ》国であり、「ド」であれば、匈奴《ど》、奴《ど》婢、奴《ど》国、という読みになる論理です。

「奴」の読みについて整理しておく必要があります。ネット辞書で調べてみました。「奴」の読みは、日本語では、呉音では「ヌ」、漢音では「ド」です。中国語（普通語）では、「ヌ」です。中国広東語では「ノゥ」で、韓国語では「ノム」です。

この「奴」は「ド／ト」か「ヌ／ノ」か、という問題解決についてわたしが検討した論理の流れを説明します。

一、これらの「奴」は同じ書物の中では特に注釈がない限り、同じ発音をされていた、としてもよいのではないでしょうか。つまり「ド」か「ヌ」か、どちらかということになります。

しかし、三世紀の時代に「奴」はひと通りの発音しかなかったのではなく、二つ以上の発音もあった、という可能性を排除することはできないでしょう。

二、『魏書』における「奴」は全て同じ読みだった、とするのは「書物」の常識からいって間違いないでしょう。とくに、著者の陳寿《ちんじゅ》も後年の注釈者、裴松之も何も「奴」の読みについて注釈をいれていないことからも、そう言えるでしょう。

三、「奴＝ど」とした場合と、「奴＝ぬ」とした場合、倭人伝の国々の名の読みはどうなるのでしょうか。

倭人国とされている三十カ国で、「奴」入りの国は次の八国です。かなり「奴」が入っている国の比率が高いのです。率で二七％。

「奴＝ど」では、奴国《どこく》、彌奴国《みどこく》、姐奴国《しゃどこく》、蘇奴国《そどこく》、華奴蘇奴国《かどそどこく》、鬼奴《きど》国、烏奴国《うどこく》、狗奴国《こうどこく》となります。この国の読み方は日本語《やまとことば》の感触とは異なる感じがします。

しかし、「奴＝ぬ」とした場合、奴国《ぬこく》、彌奴国《みぬこく》、姐奴国《しゃぬこく》、蘇奴国《そぬこく》、華奴蘇奴国《かぬそぬこく》、鬼奴国《きぬこく》、烏奴国《うぬこく》、狗奴国《こうぬこく》、となり日本語《やまとことば》らしく感じられます。

四、改めて『和名類聚抄郷名考證』を調べてみたところによりますと、西日本の二八八郡のなかで、国名に「ド／ト」を含むものは出雲国神門、美作国苫東、苫西・筑前国怡土、筑後国山本・山門、肥後国山本・宇土、讃岐国多度、土佐国土佐の十郡です。率で約三％。

同じく、ノ（ヌ）が含まれる郡名は、丹後国竹野・熊野、但馬国城埼、因幡国巨濃、伯耆国日野、出雲国能義、石見国安濃・鹿足《カノアシ》、備前国御野、備後国奴可《ヌカ》・沼隈・甲奴《カフノ》、安芸国沼田、周防国都濃、阿波国板野、讃岐国三野、伊予国濃満、筑後国竹野・大野・三潴《ミヌマ》、

豊後国大野、肥前国彼杵《ソノギ》、薩摩国河辺・頴娃《エノ》の二十四郡。率にして約八％。

倭人伝の記載の「奴」入りの国の率が二七％とかなり高く、「奴」を「ド／ト」とした場合は三％で、「ヌ／ノ」とした場合は八％と、「ド／ト」入りの国より二倍以上高い。

このことからも、倭人伝の国名の「奴」は「ド・ト」であるよりも「ノ・ヌ」である可能性が高いことが、理性的に判断できるのではないでしょうか。

五、今でも沖縄地方では、日本内地人に対し大和ぬ衆〈やまとんちゅ〉と所有格の「の」を「ぬ」と言うように、古くから「の」は「ぬ」と発音されています。

沖縄方言では多くの古典文法の特徴が保たれています。例えば、終止形と連体形の区別や、所有格「が」（首里方言では死語）、主格「ぬ」（共通語の「の」）、さらにそのほか、主格としての「が」「ぬ」の敬体と常体での使い分けが挙げられています。

沖縄方言には三種類の短母音ア・イ・ウと五種類の長母音アー・エー・イー・オー・ウーがある。つまり「ノー」という発音はあっても「ノ」という発音はなく、ヌと発音されている、ということです。（内間直仁『琉球方言文法の研究』笠間書院、一九八四年）

六、『広辞苑』を引きますと、「ぬ（野）はノの母音交代した上代語。特に東国方言で、野（ヌ）。また、「ぬ」は沼」とあります。

七、『和名類聚抄郷名考證』によると、備後国の郡名に、「奴可《ぬか》郡」・「甲奴《かふの》（こうの）郡」

があり、福岡市早良区の古地名「額田《ぬかた》」が現在「野方《のかた》」と呼ばれているように、日本語で「ぬ＝の」という混用・転訛があった、という傍証になるでしょうし、また、「ヌ」と「ノ」の発音が、古代は同じであった可能性も強いと思われます。

このような思考の流れから、「奴」は「ド・ト」よりも「ヌ・ノ」と読まれていたといえるでしょうし、この方がはるかに日本語的感覚として受け入れることが出来ると思います。

前出の内藤湖南先生の「ナとノ」の混在説も、先生としては、「ナ」と全てを読みたいのですが「ノ」と読まざるを得ない国名がある、という判断があったものでしょう。

また、「奴」を国名（部族名）に使われているのは何も倭人国だけではありません。例えば東夷伝の高句麗でも涓奴部、絶奴部などの部族名が出ています。これらの読みもワンセットで同じ読みが出来るか、を考えなければならないでしょう。

『魏志』における「奴」の全調査

しかし、先程の「日本語的感覚《やまとことば》」で「奴」は「ヌ・ノ」だ、ということでは論証とは言えないでしょう。そのために、倭人伝とか東夷伝だけではなく『魏志』全体で「奴」がどのように使われているのか見る必要があると思い調べてみました。
『魏志』全体に使われている「奴」は全部で、五十六個でした。これらは、匈奴とか奴婢とかいう熟語として使われているのが多く、一覧にしますと次のようです。

出現回数　十四回　匈奴
　十回　奴婢
　四回　涓奴部　卑奴母離
　三回　奴僕
　二回　絶奴部　灌奴部　奴国　狗奴国
　一回　奴　雍奴　瑣奴部　順奴部　弁楽奴国　奴佳鞮　彌奴国　姐奴国
　　　蘇奴国　華奴蘇奴国　鬼奴国　烏奴国

計、五十五回（五十六字）の出現で、うち、東夷伝（第三十巻）は三十八回（三十九字）でした。

倭人伝の読みからは「奴＝ヌ」という確率が高いのですが、果たして一般名詞の奴婢・奴僕や匈奴の「奴」が同じ発音なのか、という問題があります。奴婢・奴僕は倭人伝と同じく「ヌ」読みで問題ないと思われますが、問題は雍奴と匈奴です。

雍奴は、『魏書』二六巻田餘伝で「漁陽郡雍奴県の人」、という記事に出てくる地名です。ところが現在では、雍奴県という地名は残っていません。

雍奴の読みを追うのはちょっと困難ですが、もう一つの「匈奴」の読みはどうなのでしょうか。今までの論理の流れによれば、「奴」は「ヌ」ですから、「キョウド」とは読めないことになります。

「匈」は呉音では「ク」です。仏教用語としての「ク」読みはあるかもしれませんが、一般には使われていない読みです。漢音では「キョウ」だから、「匈奴」は漢音読みなら「キョウド」となります。呉音だと「クヌ」ということになります。現代語では「ションヌ」と読まれています。

ところで、「匈」という字の読みには、日本に「キョウ」という読みで伝わる前の読みとして「ハン」乃至「フン」という南方音があったのではないかと思われます。

何故かといいますと、現在「ハンガリー（英語標記 Hungary）」という国名を中国語では「匈牙利」と表記しています。これは歴史的な用法で特殊な読みだ、と Weblio 辞書の解説にあり、「匈＝ハン乃至フン」と読ませているのです。

呉音は、北方から胡族や鮮卑族などに南方に追われた漢族の言葉です。もともとの南方中国語、広東語では「匈」をどう読んでいるか調べてみましたら、「ク」ではなくフン（hung）

なのです。
また、韓国語のなかの中国由来の語は、入って来た時期は我が国よりも早いといわれますが、その時期は確定できていません。今回の「匈奴」について、ハングルについて調べてみますと、「フン・ノ（ム）」だそうです。（倭奴はウエノム）
以上のことを考え合わせますと、倭人伝の世界、三世紀には、「匈奴」は「クヌ」もしくは「フンヌ」と読まれていた可能性が高いと思われます。
つまり「匈奴」の「匈」の読みは「ク・ハン・フン」のいずれか確定は出来ませんが、ともかく、「奴」は「ヌ」であったとして問題はない、『魏書』における「奴」は、「ヌ」と読まれていたと結論づけてもよい、ということになります。

三世紀の「奴」の読みの結論

一世紀の金印の時代と、三世紀の『魏志』倭人伝の時代では、「奴」の中国語の読み方は違ってきたかもしれません。しかし『魏志』全体の使用例を検討した結果は、『魏志』の「奴」は全て「ヌ」であったという結論に至りました。そして、日本の三世紀当時の「ノ」の発音が「ヌ」に近く、魏朝の人に「奴」という字が当てられたものといえましょう。

結論としては、「奴の上古音はナ」という主張は、日本国内の日本古代史関係学会という殻の中だけで通用する議論です。正しくは、三世紀の「奴」の読みは「ヌ」だった、に落ち着きます。

『魏志』倭人伝に二万戸の大国とある「奴国」は、「な」国ではなく、「ぬ」国だったのです。

第四章　いわゆる「邪馬台国」探しについて

主な邪馬壹（台）国論

さて、「奴国」はどこにあったのか、通説のように昔の那の津、福岡市・春日市あたり、ということなのでしょうか。

この検証のためには、『魏志』倭人伝に出ている、いわゆる「邪馬台国」への行路全体を検証する必要があります。今までたくさんの古代史専門家や学者・小説家・民間の研究者が、それぞれのいわゆる「邪馬台国論」を書かれています。

普通、「邪馬台国」と書かれていますが、『三国志』の全ての版本は「邪馬壹国」と書かれているのです。しかし、長年「邪馬台国」という標記に慣れ親しんで来られた方々にとっては、「邪馬壹国」では違和感があるかと思い、便宜的に「邪馬壹（台）国」として書き進めます。

主な邪馬壹（台）国論を一覧表にしてみます。一覧表にするあたり、三品彰英『邪馬台国研究総覧』の表を参考に取捨選択し作成しました。

なお、三品彰英氏（京都帝大卒業、海軍大学教授を経て同志社大学教授、一九〇二～一九七一年歿）はこの『邪馬台国総覧』の出版後まもなく亡くなられました。

古田武彦氏の最初の論文『邪馬壹国』（「史学雑誌」一九六九年）は、この本の出版前に発表されているのですが、三品さんの本に採録されるには時間的に間に合わなかったようです。一覧表の末尾に加えました。

論者	邪馬壹（台）国比定地	論拠
松下見林	大和	「日本書紀」「古事記」「延喜式」を参考。
新井白石	大和	諸国は北九州の各地に比定。
本居宣長	九州南部	陸行一月は一日の誤り。熊襲酋長が偽僭した。
久米邦武	筑後国山門郡	八女津姫は、光武帝から金印をもらった伊都国王。
白鳥庫吉	肥後国内	日数はいい加減。方位の南は正。
内藤湖南	大和	魏使は瀬戸内海を通った。投馬は周防国玉祖郷。
那珂通世	大隅国姫木城	邪馬台国の名は大和に由来。豪族が僭称した。

喜田定吉　筑後国山門郡　日程記事は大和への後代の行程を示す。
高橋健自　大和　九州は大和の支配下にあった。
三宅米吉　大和　陸行一月は一日の誤り。瀬戸内行路を取った。
中山平治郎　大和（後、筑後）　北九州弥生遺跡の研究結果による。
津田左右吉　筑後国山門郡　距離は魏使の誇張報告とした。
樋口隆康　大和　古墳及び出土鏡による。
榎　一雄　山門（筑後か肥後の）伊都国まで魏使は来た。行路はそこからの放射状叙述だ。
富来　隆　豊前国宇佐　陸行一月は一日の誤り。水行は筑後川を遡上。
和辻哲郎　大和　水行陸行は伝聞であり誤りが多い。
小林行雄　近畿　同范鏡の分布によった。山門には出土品がない。
宮崎康平　有明海岸　九州の地名の字音の類似から。
安本美典　筑後国甘木　数理文献学によった。壹は臺の誤り。
古田武彦　博多湾岸　行路は、魏朝の里による道行き叙述である。

大和説の場合、方位を「南」を「東」に読み換え、一月を一日に読み換えるなど、原文を改定している、という共通の特徴があります。そして、この右の表に上げた諸氏は、「奴国」については、那の津の博多から春日あたり、ということで、最後の古田武彦氏を除いて、皆さん問題にされていないのです。

「南を東」に読み変えることに関連して、この表の作成者三品彰英氏について、古田武彦氏が概略次のように述べていますので紹介します。

三品氏は、内藤湖南を紹介するのに、「同氏は倭人伝の本文の訂正を努めて避けようとした論者である。しかし、不弥国以遠の記事の南を東に訂正されているようであるが、同氏の説くところでは訂正ではない。〝支那の古書が方向をいうとき、東と南を相兼ね、西と北とを相兼ねるのが常例〟であり、原文の南を東に訂正したのではなく。南を東に解し得る可能性を注意しているのである」。

しかし、このような場合「常例」という大家の表現がわたしたちを困らせる。「常例」の例が『三国志』内で見いだせればともかく、調べた結果では、東八五七、西五六〇、南五七六、北二四二、東北一〇、東南一八、西北四、西南八、であり、東を南と書く癖が陳寿にあったとは思えない、まして、「東のことを相兼ねて南とする」のを常例とした形跡は存在しない。

（『「邪馬台国」はなかった』より）

結局のところ、邪馬壹（台）国九州説の諸氏の場合でも、古田武彦氏以外は、「奴国」は博多としているのは大和論者と同じです。長年の摺りこみの結果でしょうが、邪馬壹国を邪馬台国としてヤマト国と読み、九州の「山門」など地名からの比定が多いようです。

論理的な古田武彦説

古田武彦氏の邪馬壹（台）国博多湾岸説が、『「邪馬台国」はなかった』という本となり、朝日新聞社から一九七一年に刊行されたことは既に述べました。

その後七〇年代は、その当否についての論争が続きましたが、論理的に古田武彦説に合理的反論が出来ず、その後の八〇年代後半以降は、心情的なというか「邪馬台国は大和以外にはあり得ない」、という大和一元史観という殻に閉じこもったまま、古田武彦氏との論争を避ける古代史学界の現状と見受けられます。

特に、一九八〇年代後半から古田武彦氏が、東北に残る古文書、「東日流外三郡誌」の研究を取り上げたのに対し、それらは全て偽書であるという一派との論争を通じて、ＰＲ合戦に負けたというのか、衆寡敵せずなのか、裁判で偽書派敗北の結果や寛政原本の出現などで「偽書に非ず」という結果なのですが、「あの偽書に組する古田派」というようなプロパガンダが根深く残っているのが現状のようです。

この一連の騒動について、斎藤光政著『偽書「東日流外三郡誌」事件』（新人物文庫、二〇〇九年）を取り上げて、棟上寅七名によりその批評がなされています。ネット上で「槍玉その43」で検索すると読むことができます。


『魏志』倭人伝に戻って、まず、古田武彦氏の〝「いわゆる邪馬台国」探し〟について説明しておきましょう。小説家邦光史郎氏の『邪馬台国の旅』（カッパブックス、一九七六年）での紹介文が、要を得ていると思いますので紹介します。

邦光史郎氏（一九二二～一九九六年）は、東京生まれ。本名・田中美佐雄。高輪学園卒。京都で五味康祐らと『文学地帯』を創刊。のち放送作家。一九六二年『社外極秘』で直木賞候補。以後企業小説、推理小説、歴史推理小説、伝記小説などを多岐に亘って多数執筆、という作家です。

この『邪馬台国の旅』は邦光史郎氏の最盛期の著作で、「邪馬台国」に興味のない方をも引き込む魅力のある本です。古田武彦氏の『「邪馬台国」はなかった』の五年後の出版で、邦光氏もこの本の中で古田武彦氏の本に言及もされ、参考にもされています。

また、一九七六年に、古田武彦共著で『「邪馬台国の謎」――古代史探検Ⅰ』（他、狩野治生・百瀬明治・鳥越憲三郎・門脇禎二・田辺昭三の座談会）を出版されています。この『邪馬台国の旅』は、その直後の出版で、一九七一年以降の邪馬台国論議論争を受けて、その集大成として概略次のように「古田武彦の倭人伝解釈」を纏められています。

古田武彦の『「邪馬台国」はなかった』は、邪馬台国論争の盲点をつく、基本的な命題を掘り起こして注目を惹《ひ》いた。それはまず、『「邪馬台国」はなかった』という書名〈タイトル〉に示されているごとく、ふつう邪馬台国と言い慣《な》らわしている女王国の国名は『魏志』に基づくかぎり、邪馬壹国であって、けっして邪馬臺（台）国ではありえないという提言によく現れている。

この邪馬臺が邪馬壹と記されている事実はそのとおりで、現在よく『倭人伝』の原典として写真版にして単行本の表紙や扉に使われている（南宋の紹興年間〈一一三一～一一六二年〉に刊行された本）にも、あるいは『「邪馬台国」はなかった』で使われている紹熙本《しょうきほん》（南宋の紹熙年間〈一一九〇～一一九四年〉に刊行された本）にも、はっきり邪馬壹〈臺に傍点〉国とされていて、臺の字は使われていなかった。

ところが、『後漢書』が「臺」にしているので、そのほうがヤマトと読むのに都合がよいと考えたのだろう、新井白石や本居宣長のころから、専門家も研究家も、ほとんど例外なくすべてこれを邪馬臺（台）国として扱い、原文どおり邪馬壹国として考察しようとした人は一人もいなかった。それを邪馬台国はなかった、あれは邪馬壹国と読むべきであると堂々と主張したのが古田論文だった。

当時、魏の国において、臺というのは、皇帝のことであって、これを魏臺と称していた。これは魏ばかりでなく、漢の時代もそうだし、『三国志』の撰者だった陳寿のころもそうだった。

ところが中華思想によって、中国人は、その周辺の異国を、みな夷《い》とか蛮《ばん》とかいって卑《いや》しめていた。

そういう周囲の国はまだ文化が低く野蛮であるから、中国人の文化に早く馴染ませて、教化してやる必要がある。そう考えて、朝鮮や日本などを東夷と呼んでいた。

だから『三国志』の中の『魏志東夷伝』をみると、濊《わい》だの狗奴《くな》国だの乾馬《かんま》国だの倭だの鬼奴《きの》国だのと、あまりよい文字が使われていない。こういう相手を卑しめた文字を卑字《ひじ》といっているが、ケモノ偏のつく字などは、相手を人並に扱わないのだから、はるかに見下した用法といってよいだろう。

そこで邪馬と二字つづけて卑字を使っているのに、その次に皇帝を意味する貴字《きじ》である臺を使う筈がないといわれてみると、たしかにそのとおりで、現に邪馬台の女王は卑弥呼と卑の字がついている。それは一字一句をもおろそかにしない文字の国中国人の当然の態度であって、卑字二つの下に最高の貴字をくっつけるような、それこそ味噌と糞をいっしょにしたようなことを、何よりもそういうことにうるさい歴史家の陳寿が記すはずがない、というのが古田論文の主張であって、これには反論の余地がない。

そのうえ『三国志』全体をしらべても、臺を壹に書き間違えた箇所が一つもないとあってはなおさらである。そこで、壹は、臺の字の写し間違いだったという従来の暗黙の了解事項が通らなくなってしまった。ところが習慣とは恐ろしいもので、いまだに邪馬台国と誰もが台の字を使っていて、いっこうにこの慣例を改める風がない。

（中略）

こうして『三国志』より『後漢書』のほうが重んじられたために、邪馬壹でなく邪馬臺（台）のほうが、先に通用してしまったのだろう。

次に古田論文は、原典にあくまで忠実で一字一句たりとも勝手な改定を許さず、厳密な考証と論証を重ねて、邪馬壹国への旅が、韓国を陸行したことや、水行十日・陸行一月が郡治より女王国に至る所用総日数であることを論述していく。

さらに、『倭人伝』中の里数は、一里は約七五メートルの短里であったとする。また卑弥呼の墓の径百余歩はほぼ三〇から三五メートルの塚だという。
そして、不弥国と境を接して位置する邪馬壹国を、現代の博多地区だと結論づけた。

余談ですが、古田武彦氏がなぜ、博多湾沿岸から南に広がる国家、博多湾沿岸国家、というまだるっこしい表現をされたのか、福岡平野の方がすっきりしていると思いますが、とご本人に五年ほど前に直接お聞きしたことがあります。

「いやあ、福岡平野説を唱えた〇〇さんの亜流と思われるのがどうも」、というお答えだったのですが、〇〇さんがどなただったのか、寄る年波で思い出せず申し訳ありません。三品彰英『邪馬台国研究総覧』では一九六〇年代以前の関係論文を載せていますが、そこには邪馬壹（台）国福岡平野説はありません。ネットで検索しましても網にかかってくれません。

しかし、これはわたしの古田説の認識の甘さによる見当違いの質問だったのです。古田説による「邪馬壹国」の領域は、「早良平野＋福岡平野＋筑後平野」という広大な地域だったのです。

ここまでの説明で、古田武彦氏の主張、『三国志』には「邪馬台国」はなく、「邪馬壹国」

である、ということを理解していただけたと思います。

いままで「邪馬台国」ということで学校でも教わって来られた読者諸賢に、「邪馬壹国」で論じるのはちょっとなじみがないかなと、「邪馬壹（台）国」として説明をしてきましたが、以後は「邪馬壹国」で説明を続けることにしますのでご了承ください。

『魏志』に使われている里

あとで詳しく述べますが、『魏志』倭人伝の行路記事には「どこからどこまで〇〇〇里」とそこまでの距離が書いてあります。

だったら、倭人伝の国々がどこにあったか、ということを解明するのはそんなに難しくない、と思われます。が、そうではないのです。

いわゆる「邪馬台国」探しの手掛かりになる大きな因子が「里」です。『魏志』倭人伝に書かれている行程記事の「里」が問題なのです。特に東夷伝で国々間の距離を示しているのですが、漢の時代の里と同じ長さとすると、現代でも明確にわかる二点間の距離が大きく食い違うのです。

例えば、朝鮮半島の南端あったとされる国、狗邪韓国から対海国（対馬）に海を渡るのですが、その距離を「千余里」と表現しています。今、パソコンで地図を開いて朝鮮半島から対馬の距離を計ってみますと、最短で六〇キロ、釜山〜厳原間で百キロです。平均で八〇キロ、それを千プラスaで割ると、一里は約八〇メートル弱となります。

中国では、距離の単位の「里」が有史以来一貫して使われていますが、その長さは時代によって変わっています。

里の単位の元になる単位に「尺」と「歩」があります。これらの関係は、『史記』（中国の二十四史の一つ。黄帝から前漢武帝までの二千数百年にわたる通史。前漢の司馬遷の撰。）に「六尺を歩となす」と書かれています。

歩と里の関係は、七世紀の唐の時代になって「それまで三百歩を一里としていたが、三百六十歩を一里とする」と改めたということがハッキリしているので、古代は三百歩が一里であった、ということになります。

古代の一尺がどれくらいの長さであったかについてはいろいろと研究されていて、現在の定説としては次のようです。

〜前漢時代（〜前一世紀）　一尺＝二二・五センチ　一里＝四〇五メートル
新〜後漢時代（一〜三世紀）　一尺＝二三・〇四センチ　一里＝四一五メートル

魏西晋時代（三世紀）　一尺＝二四・一二センチ　一里＝四三五メートル
隋時代（六～七世紀）　一尺＝二九・五一センチ　一里＝五三一メートル
唐時代（七～十世紀）　一尺＝三一・一センチ　一里＝五六〇メートル

なお、現代中国では一里＝五〇〇メートル、日本の昭和初期まで使われていた一里は約四キロメートルと、同じ距離単位表示の同じ漢字「里」が使われていますが、同じ漢字「里」でも処により時代により、意味する「長さ」は異なっています。

ところが、この定説とされているものによって計算しますと、朝鮮半島と対馬の間は、四三五キロ離れているということになり、実際の五倍以上です、明らかにおかしいのです。『史記』に書かれている、「六尺＝歩」ということを『魏志』倭人伝に適用すると、現実に合わない長さになるのです。

日本の古代史学会でも倭人伝のこの「おかしな里表示」が当然問題となっていました。この里数記事を合理的に理解しようとしたのが東大の邪馬台国九州説の白鳥庫吉氏です。（一八六五～一九四二年　東洋史学者。千葉の生まれ。東京帝大教授。近代的東洋史学を確立したとされる。）

一九一〇年に発表された論文「倭女王卑弥呼考」で、「現行の正確なる地図・海図等に拠り、最も普通なる航路を測って之を魏里に引き直してみると約五倍の誇張がある」と、「倭人伝の里」と「通常の魏の時代の里」との間に約五倍の違いがあることを認めています。このことは、別の言い方をしますと、一定比率の関係があることを認めていることになるのです。

しかし、白鳥庫吉氏はその後、〝『魏志』の里には著しい誇張がある〟(「卑弥呼問題の解決(上)」『オリエンタリカ』1、東京大学東洋史学会編)という方向に転じられました。それにより、学会の大勢は、「一定比率説」より「誇張説」の方に進み、京大の邪馬台国近畿説の内藤湖南氏もそれに同調し、誇張説が有力になったのです。

在野の研究家、安本美典氏は一九六七年『邪馬台国への道』で、現在の地形図と照合し、『魏志』倭人伝の一里は、九〇~百メートル前後と主張されました。

しかしながら、日本の古代史学会の主流は、『魏志』倭人伝の里数値は、それまでの漢代ともその後の隋の時代とも異なる特殊な短い里を使ったのではないか、という方向に向かわず、反対の方向に向いたのです。

倭人伝の里数値は全く信用できず、里数以外の情報に基づいて女王国のありかを探すべきだ、例えば、南を東へと読み変える、などという方向に向いたのです。短い里ですと、それまで邪馬臺国はやまと国であり近畿にあった国、という江戸時代以来の定説を覆す恐れがあるからでしょう。

「倭人伝」研究家として一定の評価がある佐伯有清氏は、『魏志倭人伝を読む　上　邪馬台国への道』（吉川弘文館、二〇〇〇年）で倭人伝の行路記載の最初にある、「帯方郡から狗邪韓国まで七千余里」というところを次のように説明します。

「帯方郡から狗邪韓国への里程七千余里の一里は、魏の時代の単位によると今日のおよそ四三五メートルとみられる。『七千余里』をはじめ、以下にみえる『千余里』も、いずれも実際の距離にあわない」と。

魏の里は別の里単位だ、という議論は全く見えないかのように書いているのです。

しかし、白鳥庫吉氏や安本美典氏以外にも、魏代には「魏の里」が存在した、と説く藤田元春氏（立命館大学教授、地理学、一九五八年歿）が「倭人伝の里は現在の里の四十分の一」という論文を発表しています（『上代日支交通史』刀江書院、一九四三年）。

そこには「漢代の尺より古い周尺は、漢尺の八寸が古尺周尺の一尺（六寸）である。これは古来日本でも菊ざしとして用いられた」と説かれています。これによると、「周尺による周里は一里約百メートルとなる」、とか、「五尺刀というのも、周尺による表現であり、一五〇センチ以上の長さではなく、七五〜九〇センチであった」、などとあります。

しかし、これら「魏の時代の特殊な、短い里」についての説が、後年のいわゆる邪馬台国論争に取り上げられた様子は、先に紹介した佐伯先生の総括にも全く見られず、完全に無視されています。この藤田説は、邪馬台国の会ホームページ「第二三二回報告」で読むことができます。

第二次大戦敗戦後、古代史学会は皇国史観のくびきから解放され、邪馬台国論争も華やかでした。しかも、一九六九年に「史学雑誌」に「邪馬壹国」を発表以降、古田武彦氏が数々の論文を出し、論戦がより華やかになりました。

この佐伯有清氏も、『研究史　戦後の邪馬台国』（吉川弘文館、一九七二年）では、古田武彦氏の著作を好意的に紹介しています。しかし、古田武彦氏の倭人伝の行路記事解釈を含め、文章解釈の特徴について説明してはいますが、この古田武彦氏が提唱した〝『魏志』の「里」は漢の里（四三五メートル）と違って七五～九〇メートルの極めて短い里が使われている〟、ということについては、完全に無視されています。

古田武彦氏が一九七一年出版の『「邪馬台国」はなかった』で指摘された重要なことの一つが、行路記事の中の「里」は、魏の時代の特殊な「里」である、倭人伝だけでなく『魏志』全体を通して、短い里が使われている、という主張だったのです。

そしてその後、『周髀算経《しゅうひさんけい》』などの古代中国の算術書の解析から、魏の里は七六～七七メートルという極めて短い里単位が使われている、という計測技術専門家谷本茂氏の論文

『周髀算経之事』（『数理科学』誌一九七八年三月号）が出た後の二〇〇〇年になっても佐伯有清氏は、「魏の里は漢の里と同じ四三五メートル」と言われるのです。

このような立場に、ほとんどの古代史家が無批判に従っているのです。強いて考えますと、国史学会の部外からそのような重大な指摘を受けたこと自体、学会の沽券《こけん》にかかわるという、いわゆる島国根性というか、ひがみ根性のなせる「いじめ」としかわたしには思えません。

それでも幾人かの古代史研究者は古田武彦氏と論争しました。例えば、山尾幸久氏（立命館名誉教授）や安本美典氏などです。

『邪馬一国の証明』で古田武彦氏は、次のようにその論争の経過についてのべています。

『三国志』の「里」単位は、まず、白鳥庫吉により「魏代の一里は漢代の一里（約四三五メートル）と大差ない」とされた。それに、邪馬台国近畿論者も邪馬台国九州論者も「倭人伝里数値誇大説」の方が、それぞれの説に都合がよいと、定説のようになった。

この問題を考察した研究者が山尾幸久氏である。山尾氏は『三国志』全体は漢里で書かれていて、「韓伝・倭人伝」のみは「誇大値」とされた。次いで、安本美典氏がほぼ同様な「韓伝・倭人伝」短里説（その他は長里）を唱えた。

これらの説に対して、古田武彦氏は、それは成り立たない、『魏志』全体が短里だ、と例を挙げて論証されています。

また、項を改められて、安本氏がその著書『「邪馬壹国」はなかった』の中で、里程論に大半を割かれていることについて、その内容の検討結果を詳細に述べられています。

古田武彦氏は結論として、

その結果は、「谷本茂氏が『中国最古の天文算術書』で天文学的計算結果から一里は約七六メートルであることを突き止められ、これはオランダのユトレヒト天文台の宇宙物理学者難波収氏によってその正しいことが確認された」と結び、「今回の論証によって、安本氏・山尾氏・白崎氏（在野の古代史研究家　著者注）等の、『韓伝・倭人伝短里説』も破産し去ることになったのである」と述べています。そして最後に、「これら、白崎・安本氏等の反論によって、私は第一書（『「邪馬台国」はなかった』）で言い得なかった多くの点を明確に出来た。そのことを何よりの成果として氏等に感謝したい」と、感謝の弁を述べています。

これは、当然な話で、『魏志』という書物の中での同じ時期の距離単位の「里」が、所によって違う長さの里が使われている、などあり得ない話なのです。これは、「奴」という字の読みが同一の書物の中で違う読み方をしている、と主張するのと同じ、いわれてみれば中学生にでも間違いであることがわかる、基本的な文献の読み方の問題なのです。

古田武彦氏は、『魏志』東夷伝に韓国は方四千里という記載があることから、現在の朝鮮半島の幅から、この『魏志』に使われている一里は約七五～九〇メートルであろうと推定されました。

同じように、陸上の距離では、末盧国（唐津）から伊都国が五百里と書かれています。一里八〇メートルと仮定して、その五百倍の四〇キロの距離をJR筑肥線の粁程表で見てみますと、唐津港近くの西唐津駅から糸島半島の東端部の今宿駅まで、三九・六キロです。今宿あたりが伊都国であったとすれば、倭人伝の距離記載は、一里を八〇メートル位の値とすると丁度五百里です、現実の地理に合っているということがわかります。

伊都国と後年の怡土郡という地名の遺存性を論じるまでもなく、伊都国の国都は糸島半島内にあったであろう、ということと、これら『魏志』に使われている「里」は約八〇メートルという極めて短い里であったことがわかります。

このような、いわば常識的な、といいますか、理性的に倭人伝を読めばわかることを、古田武彦氏から指摘される前まで、碩学の古代史学者たちは、「倭人伝の距離はいい加減だ」としていたのです。しかも、学会外の古田武彦なる人物が指摘した重要な「鍵」を自ら封印してしまい、自分たちの「カラ」に閉じこもっているのが現状なのです。

魏西晋朝の短里とは

魏朝の時代にはなぜそのような短い里がもちいられたのでしょうか？

後漢から魏に時代が変わり、明帝が暦を変えた、という記述は『三国志』にはありますが、度量衡を変更した、という直接的な記載はないようです。

そのことによって、魏朝が成立した後も漢朝と同一の度量衡単位を使った〝はず〟というのが定説の学者達の主張でもあります。

しかし、歴代の中国王朝が変わる時に、暦と併せて、法律や度量衡も変更されているのが今までの王朝の例なので、魏朝の場合も、明帝の景初元年春正月の項に、「年号の改変（青龍→景初）をおこない、三月に暦や行事などの変更を、夏王朝に合わせて行われた」、と記されています。度量衡の変更もこのころ行われた、と推定するのはあながち無理筋とはいえないでしょう。

日本でも不思議な里入りの地名があります。九十九里浜とか七里ヶ浜などです。これらの里数もその根拠が不明なのです。鎌倉の近くの七里ヶ浜は、昔の小学校唱歌に、「♪七

里ヶ浜の磯伝い　稲村ヶ崎名将の　剣《つるぎ》投ぜし古戦場♪」とうたわれていますが、日本の一里は四キロです。七里ですと二八キロですが、実際の長さは三キロ弱です。日本でも時代によって一里の長さが変わり、また、その記録も残っていない、という例証の一つです。

中国古代の夏王朝の度量衡は全くといってよいほど史料は残っていないのです。ですから、古田武彦氏が行った、『魏志』に残る「具体的な」里の記述から推定する、というのが残された実際的な方法でした。

そこで得られた里の長さ七五~九〇メートルを使って『魏志』倭人伝の行路を検証してみた古田武彦氏の論理的科学的方法が、他の方々の方法、

◇南を東へ読み替える、

◇倭人伝の方位や里はいい加減だ、

◇倭人伝の里は誇大値だ、

◇邪馬台国は読みからいってもヤマト国だ、

などとはレベルの違う立論であることは疑えません。

古田武彦氏は「魏朝は周の古制に倣《なら》った」と論証されます。古田武彦『倭人伝を徹底して読む』第五章里程論「古法への復帰」に詳しく書かれています。魏朝は、古法への復帰つまり、周王朝時代の度量衡法へ復帰をしたのです。

この魏（西晋）朝の一里は周の時代の里であり、中国古代の天文学書『周髀算経』という書物中の太陽光の影の長さを計測することによる距離測定の方法（「一寸千里の法」など）の記述があり、その方法を現代の知識で再計算してみると、一里は約七六～七七メートルとなるという谷本茂氏の解析結果（後述）によって、古田武彦氏の推論の正しさが確かめられました。

そのほかにも、中国の周の時代あたりでは短い里が使われていたと思われる記事が掲載されている書物があります。前漢時代の劉向という学者の撰の、戦国時代の遊説の士の言説、国策、献策、その他の逸話を、国別に編集しまとめ上げた『戦国策』という書物です。

そこにもたくさんの里単位が出ています。それらの里程記事は、漢代の里では現実の地形に合わず、漢代の里の五分の一ほどの長さの里が用いられています。このことも、周代には短い里が用いられていたことの傍証と古田武彦氏は指摘しています。

『周髀算経』「一寸千里の法」から得られた「里」

古田武彦氏は、一九七一年出版の『「邪馬台国」はなかった』では、『魏志』の「里」は短里で、一里を七五～九〇メートルとされて、論を進めています。

そして、「倭人伝」の行路記事の解明作業の結果、邪馬壹国の玄関「不彌国」の位置を、一里を七五メートルであれば福岡市西区姪浜あたり、一里を九〇メートルであれば博多港あたりか、とされています。

その後、谷本茂氏（一九五三年生まれ、京大電気工学科卒　横河パッカード社電子計測部品事業部勤務）の『周髀算経』の一寸千里の法の解析結果から、一里を七六～七七メートルという値を用いられるようになりました。

ここで先ほどから度々出てきている『周髀算経』から得られた里について説明をしておきます。

まず『周髀算経』の説明をWikipedeiaでみますと、概略次のように説明しています。

「『周髀算経』は古代中国の数学書。『九章算術』とともに中国最古の数学書の一つとされている。本来は単に「周」と称され蓋天説を説明するために編纂された天文学のテキスト。成立時期は不明だが、『呂氏春秋』からの引用があることから戦国時代末期以降、蓋天説が発生した紀元前二世紀頃の著作であろう」

この中の「蓋天説」とは、これもWikiによりますと、「蓋天《がいてん》説とは古代中国天文学における宇宙構造論の一つである。渾天説・宣夜説とともに古代中国を代表する天観である。蓋天説には大きく二通りの考え方があり、天は円く広げられた傘のようであり、地は方形の碁盤のようであるとされ、後に、天はドーム状（蓋笠）で、地はひっくり返した皿（覆槃）の形をしているとした」ということです。

ともかく、現在の天文学とは違いますが、かなり古代の中国人が「数学」や「天文」についての知識と知識欲があったということは、現代の人間からみても呆れるほどです。南と東を間違える、距離は誇大値などというレベルですませていては、古代の中国人に笑われることでしょう。

中国の周の時代（ＢＣ十一世紀～ＢＣ八世紀）にそのような『周髀算経』という天文算術書があり、そこに「一寸千里の法」という公理ともいうべき法則が記されています。『周髀算経』は内容的には、三角測量の原理と簡単なピタゴラスの定理の応用といえます。そこで述べられている「一寸千里の法」とは次のようなものです。

「周の首都の地で夏至の日に地面に垂直に立てた八尺の基準棒（髀）の影の長さは一尺六寸である。南へ千里の地では、影は一尺五寸、北へ千里の地では影の長さは一尺七寸である。よって影の長さ一寸は地上の距離で千里に当る。南北に各々千里離れた三地点で夏至の日影長が分かっているし、観測地点洛陽付近は北緯約三十五度であり計算によって、一里は七六～七七メートルと知ることができた」、と谷本茂氏が発表されたのです。中国の一般に知られている一里四〇〇メートルとか五〇〇メートルの里単位とは明らかに異なる里単位です。

広い中国大陸ですから、もっと長い基準尺、千里尺つまり約八〇キロメートル尺、が欲しいと思った周の皇帝が科学者に命じたものでしょう。結論として、夏至の日の日影の長さで地点間の距離を知ることができるということです。勿論南北方向の距離であり、東西方向には適用できませんが、それでも利用価値があったのでしょう。

魏朝の里はそのような、短い里であった、ということは、今まで中国の研究者も気づかなかったことなのです。ただ、中国の研究者は、卑弥呼の国のありかが九州にあったか近畿にあったかについては関心がありませんのでこの里程について研究する意欲がないのでしょう、「魏朝の里」について研究論文が出たというニュースは残念ながら聞こえてきません。中国の歴史学界に問題提起をして、赤壁の戦いの時点での川幅についての里数や、現在の地理から見て、漢や唐の長里ではおかしいと思われる『魏志』の里程記事についての研究論文などで問題提起をしたらよいのに、と思います。

現実に『魏志』の里程記事に一里八〇メートル弱を適用すると、『魏志』の里程記事が矛盾なく全て収まるのは事実です。このあとの「奴国探し」にはこの魏西晋朝の里、いわゆる短里の、一里七六~七七メートルを使って検討して行きます。

古田説にまつわるあれこれ

この魏朝の「里」の長さについては、古田武彦氏が『「邪馬台国」はなかった』という本の中で、『魏志』東夷伝の韓国の表現「方四千里」を、平行四辺形で表示しています。

このことについて氏は、中国語の「方」の概念として間違っていたことに気付かれて、後に『よみがえる九州王朝』（角川選書、一九八三年）で、「（韓地は）方四千里なるべし」。「方四千里」というのは〝一辺が四千里の正方形〟をさす。中国古代において創造された面積表記法だ。（同書三一頁）と訂正されました。

　なお余談ですが、古田武彦氏は自分の説の誤りとか不十分さを認められると、「過ちては即ち改た

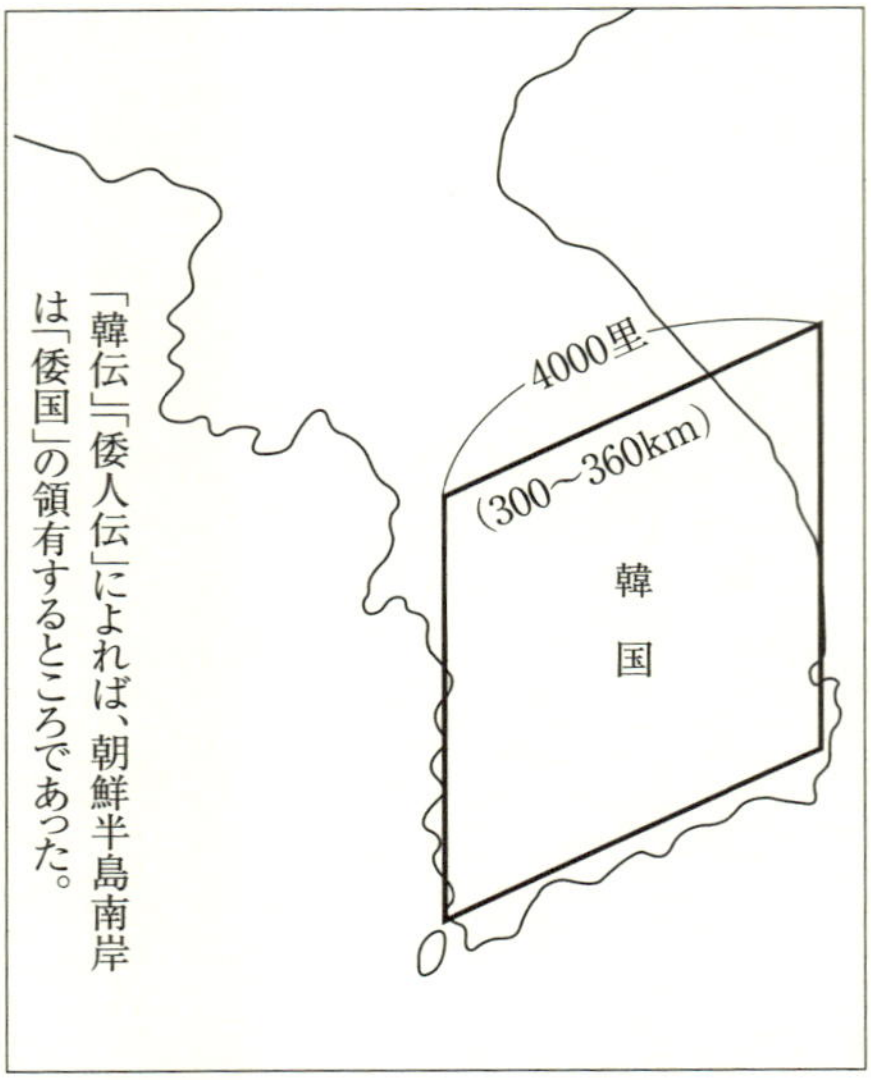
4000里
（300〜360km）
韓国
「韓伝」「倭人伝」によれば、朝鮮半島南岸は「倭国」の領有するところであった。

『「邪馬台国」はなかった』掲載の、方四千里の地図

むるに憚ること勿れ」という格言を即実行される方と言えるでしょう。

今これを正方形で改めて計測しますと幅は約二四〇～三〇〇キロメートルであり、これによる一里は六八～七五メートルです。

この古田武彦氏の、「韓国は方四千里」という解釈は、「方」は平行四辺形も含まれるかのような叙述は間違っていたにせよ、右記のような後の変更を行っても、〝魏の里は、一里四三五メートルより漢の里より五分の一程の、一里七五乃至九〇メートルという短い里が使われていた〟という、『「邪馬台国」はなかった』で古田武彦氏が述べられた全体の論証を崩すものではありません。

中国の直轄地における魏晋朝短里

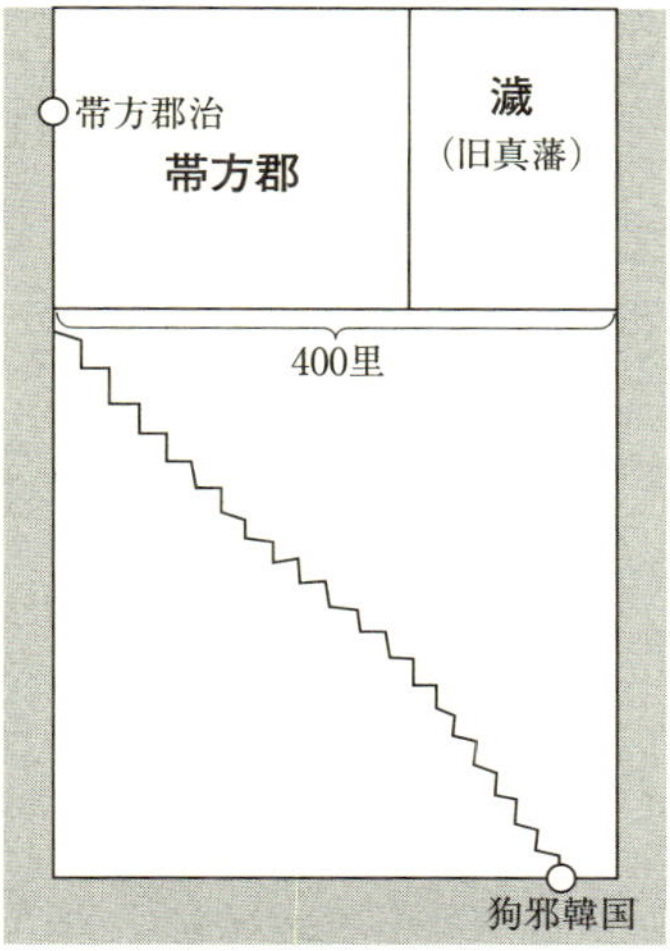

『市民の古代第5集』1983年

蛇足ですが、この点を取り上げて、古田武彦説批判の取りかかりをしようとした本に『倭人伝を読む　消えた線と点』生野真好著（海鳥社、一九九九年）があります。民間の古代史家、生野真好氏は第一書の古田武彦氏の論証の一部分だけを取り上げて批判を展開しています。

しかし、その後の古田武彦氏の論証の進化をみていないので、止むを得ないことかと思いますが、せっかく古田武彦説を崩せる弱点を見いだせた、と小躍りされた（であろう）生野氏にとっては、残念であったことでしょう。この問題については、以前棟上寅七のホームページで取り上げたことがあります。詳細についてお知りになりたい方はパソコンで、「槍玉その46」で検索してみてください。

ところで、『「邪馬台国」はなかった』について、民間の古代史史家ではなく、有名な作家との間で盗作問題が発生しました。

古田武彦氏が『「邪馬台国」はなかった』を出版された二年後に、当時の売れっ子推理小説作家高木彬光氏が、『邪馬台国の秘密』（カッパブックス、一九七三年）という本を出されました。この本の中に古田武彦説を無断で、名探偵「神津恭介」の独創というように書いていました。四十年前のこのパクリ事件についてご紹介しておきましょう。

神津恭介氏のパクリ問題

高木彬光氏が、「一里を約百五十メートルという在野の古代史研究家野津清氏が『邪馬台国物語』で発表した説を使って倭人伝を検討した結果、〝邪馬台国宇佐説〟となった」、と発表されました。

氏の神津恭介物の『邪馬台国の秘密』でその説を発表され、続いて『古代天皇の秘密』（カッパブックス、一九八六年）でもその手法を踏襲され出版されました。

ところがそれらの本で、名探偵神津恭介が邪馬台国探しの推理の基本的なところを、『「邪馬台国」はなかった』での古田武彦氏の独創的な解析を大幅に取り入れていながら、古田のフもなく、断りもない、盗作だとして古田武彦氏が問題にされました。

この高木彬光氏の本の中で、古田武彦氏が、気分が悪くなったと言われるのが、名探偵神津恭介が語る次の文章です。

「……残った二つの問題は、不弥国と邪馬台国の距離、そして『陸行、水行』の謎、この二つを合理的に解決できればいいわけだね？」

そしてそれに対する解決方法の骨子は、左の四点でした。
一、「水行十日・陸行一月」は帯方郡治（ソウル付近）から女王国までにかかった日数だ。
二、帯方郡西海岸は水行、韓国内部は陸行だ（東南方向のジグザグ行路）。
三「一万二千余里」と「水行十日・陸行一月」は同一行路を指している。
四、不弥国は女王国と相接している。
このあなたの回答に対して、ワトスン（シャーロック・ホームズの相手）役の松下研三氏は、次のような大げさな讃辞を献げています。

「おそれ入りました。神津先生……研三は椅子から立ち上がって頭を下げた。

「たしかにコロンブスの卵です。言われてみればそのとおり、どうしていままでの研究家がそこに気がつかなかったか、ふしぎでたまらないくらいですよ」……

「まったくあなたという人は……毎度のことですが、完全に舌をまきました。あんまりショックが大きいんで、何とも言えないくらいですよ」……。

何だか頭がしびれてきた。眼尻があつくなってきた。芳醇なワインにでも酔ったような気持ちがしたのだった。……（中略）

「今までの研究家がそこに気がつかなかったか、ふしぎでたまらない」とは、いったい何でしょう。その上、「コロンブスの卵」とは！　わたしはまじまじとこの活字を見つめ、深いためいきをつくほかありませんでした。

と、このようにご自分の『「邪馬台国」はなかった』の本質的なところが、無断で神津恭介の推理とされていることに気分を害されたのです。

この件については、古田武彦氏が『邪馬壹国の論理』「神津恭介氏への挑戦」で詳しく述べられていますのでそちらに譲ります。「神津恭介氏への挑戦状」で検索してください。

ところでこの話には後日譚があります。古田武彦氏が光文社を通じて「盗作」ではないか、と問い合わせ、光文社はこの『邪馬台国の秘密』を絶版とされ、一九七九年に改稿新版を出されました。この経緯について古田武彦氏は、雑誌『なかった　真実の歴史学』第四号「敵祭　松本清張さんへの書簡」に書かれています。これも「敵祭　松本清張　書簡」の検索でできます。

ついでに書きますと、高木彬光氏は『邪馬壹国の陰謀』という本を日本文華社から出され（一九七八年）、その中での古田武彦氏に対する罵詈雑言はひどいものだそうです。今回

（二〇一三年十月）にネット書店アマゾン社で古本検索しましたら、稀覯本《きこうぼん》扱いで一万五千円という値段がついていて驚きました。読者諸氏もご自分の書棚の隅に埋ずまっていないかチェックされたら如何ですか。

高木彬光氏が亡くなったのは一九九五年です。歿後十年目に高木彬光コレクション版として光文社文庫『邪馬台国の秘密』「新装版」が出ました。そこでは、古田武彦氏が指摘されたところが、改訂されています。

たとえば、

「おそれ入りました。神津先生……」研三は椅子から立ち上がって頭を下げた。「たしかにコロンブスの卵です。言われてみればそのとおり、どうしていままでの研究家がそこに気がつかなかったか、ふしぎでたまらないくらいですよ」……「まったくあなたという人は……毎度のことですが、完全に舌をまきました。あんまりショックが大きいんで、何とも言えないくらいですよ」……何だか頭がしびれてきた。眼尻があつくなってきた。芳醇なワインにでも酔ったような気持ちがしたのだった。

は、

「おそれ入りました。神津先生……」研三は椅子から立ち上がって頭を下げた。「余里の解釈はたしかにコロンブスの卵です。言われてみればそのとおり、どうしていままでの研究家がそこに気がつかなかったか、ふしぎでたまらないくらいですよ」……（中略）何だか頭がしびれてきた。眼尻があつくなってきた。芳醇なワインにでも酔ったような気持ちがしたのだった。

というように「余里」という点の解釈が神津恭介の新発見という形に変えられています。そして、参考図書として『「邪馬台国」はなかった』と『邪馬壹国の論理』が挙げられ一件落着したようです。

安本美典氏と古田武彦説

安本美典氏は今までにも何度か登場いただいていますように、在野の古代史研究家で、邪馬台国九州甘木説（のち邪馬台国は大和へ東遷説）の方です。倭人伝の短里・邪馬台国九州説・神武天皇実在説と、通説の邪馬台国近畿説・神武架空説とは一線を画している点では古田武彦氏とは共通点のあるお方ですが、数々の著作や、「季刊邪馬台国」誌および

「主宰される「邪馬台国の会」のホームページを拝見しますと、ビックリするほど「罵詈雑言」と形容してもよいほどの古田武彦批判の言葉を見ることができます。

安本美典氏は、一九八〇年に『「邪馬壹国」はなかった』という本を、古田武彦説批判本として出されました。この本について、古田武彦氏は著書、『邪馬一国の証明』（角川文庫版、一八二頁）の中で次のような感想を述べています。

昭和五五年初頭安本美典氏の『「邪馬壱国」はなかった――古田武彦説の崩壊』の出現を見た。その主題は私の第一書のパロディだ。内容もまたパロディに満たされ、非難や中傷が多い。しかし、学者の、かくもなりふりかまわぬ態度は、むしろ光栄かもしれぬ。なぜなら感情的な攻撃、それは論者の強さを示すものでなく、弱さをしめす、……。

このように、冷静にこのような対応をされるので、ますます、安本氏の気持が高揚なさるのかもしれません。古田説批判の集大成的な本、『虚妄《まぼろし》の九州王朝』が〝独断と歪曲の「古田武彦説」を撃つ〟、と副題され、「古代史論争シリーズ・1」として、一九九五年に出版（梓書院）されました。

わたしは、この安本氏の古田氏への悪罵的非難中傷部分への反論はなるべく抑えることに心がけつつ、古田武彦氏が、安本美典氏の学問的ではない論理に、反論の価値もない、とされている（と思われます）事柄を、わたしなりのスタンス、常識と理性による判断で批評しています。その書評文はパソコン上で「槍玉その19」で検索したら読むことができます。

倭人伝の方位について

先述の『周髀算経』から求められた値、一里＝七六〜七七メートルを使って行路記事の検討に入る前にやっておかなければならないことがあります。

それは「方位」についての検証です。倭人伝の行路記事には「東行至不彌国（東に行き不彌国に至る）」や「東南五百里到伊都国（東南五百里で伊都国に到る）」、「南至邪馬壹国（南邪馬壹国に至る）」や「其北岸狗邪韓国（その北岸の狗邪韓国）」、「南北に市糴《してき》す（南北に交易す）」というように「方位」が書かれています。

三世紀の中国が、方位を果たして正しく認識できたか、という問題は、先程説明しましたように、春秋時代から『周髀算経』という天文書が存在し、紀元前の戦国時代に「指南車」という常に南をさし示すメカが作成されていたりしていることからも、問題たり得ません。

しかし、現在の国史学会というか古代史関係学会では、倭人伝の行路の伊都国以降は「南を東と読み変える」のが常識としています。

例えば、最近（二〇一三年）古代歴史文化賞を受けた都出《つじ》比呂志著『古代国家はいつ成立したか』（岩波新書、二〇一一年）もそのように書いています。

概略次のような論理に拠っています。

◇大和は三世紀前半から政治の中心地であった。

◇伊都国から南に進む限り大和説は成立しないが、東を南に読むべきとする説がある。

◇十五世紀に朝鮮で作成された「混一疆理歴代国都之図《こんいちきょうりれきだいこくとのず》」では日本列島は九州から南東へ繋がる列島と描かれている。

◇このような地理観が古代から長く中国や朝鮮にあった。

◇中国の地理観が正確でないとすれば、南を東に読み替えれば、邪馬台国の位置は近畿になる。

現職の東大の国史学教授大津透先生の『天皇の歴史01　神話から歴史へ』（講談社）に魏

使の女王国への行路図（後出一三〇頁参照）が載っています。

大津透氏の『魏志』倭人伝に記載されている魏使の行路図を見てみましょう。

そこには、「近畿説の場合〝南を東と読み変える〟と記されています。大津透教授は「卑弥呼は纏向遺跡にいた」と主張される方ですから、つまり〝読み替え派〟なのです。しかし、『魏志』倭人伝のどのような版本を見ても、「南至邪馬壹国」の文章が「東至邪馬台国」と書かれていないのです。

読み変えるのではなく、ご自分のいわゆる邪馬台国を近畿方面に持ってくるために、前述のように「中国では南は東を兼ねると古書では書かれているのが常例」と主張された、内藤湖南氏という古代史では有名な学者もおられます。そのような非常識な論調は、いわゆる「邪馬台国」を近畿地方にもっていきたいという願望から出ているもので、「学問」と言いうるものではないと思います。

根拠とされる地図については、十五世紀の地図で三世紀の史書を検証すること自体が批判されるべきでしょうが、この地図について調べてみた事を報告しておきます。

混一疆理歴代国都之図について詳細な検討を加えた本、弘中芳男氏の『古地図と邪馬台国』（中央公論、一九九九年）があります。安本美典氏がその著『邪馬台国畿内説徹底批判』（勉誠出版、二〇〇八年）で、おおむね次のように述べています。

混一疆理歴代国都之図というのが、畿内説の方々のよりどころの一つになっている。しかし、この地図は、弘中芳男氏の『古地図と邪馬台国』で、その図の出来た経緯がかなり詳細に検証されている。（中略）この混一疆理歴代国都之図は、一五世紀の初頭に、朝鮮の権近が、西を上方にして描かれている日本の行基図を、不用意に挿入してしまった為に日本列島が転倒した形に描かれることになった、と解析されている。

『「邪馬台国」はなかった』に掲載されている、混一疆理歴代国都之図を、陸地部をイラスト化して示してみます。一見して、日本列島が南北さかさまに描かれていること以外に、朝鮮半島が格段に大きく描かれ、日本列島が小さく描かれていることは、さすが韓国の人が作成した地図だ、とほほえましくさえ思われる地図です。

弘中氏が述べられている「行基図」と言うのは聖武天皇の大仏建立にも一役買ったと高等学校の教科書にも記載されている僧行基が作った地図です。

この日本での最古の測量による地図は、七四三年、奈良時代に海道図を編集したものです。これは、京都下鴨神社に奉納され写図が残っています。

つまり、十五世紀に朝鮮の権近という人が、『後漢書』の「倭国の極南界」と「会稽東冶の東」という記事に従って、八世紀の行基図をはめ込んだものであろう、と古田武彦氏も、『「邪馬台国」はなかった』で見解を述べていますが、それが的を射ていると思います。

第一、三世紀の『魏志』倭人伝の解釈に、それから千二百年も後の時代の朝鮮の人が描いた地図を、三世紀の中国人の地理認識の証拠とする、など頭は正気なのか、と思ってしまいます。

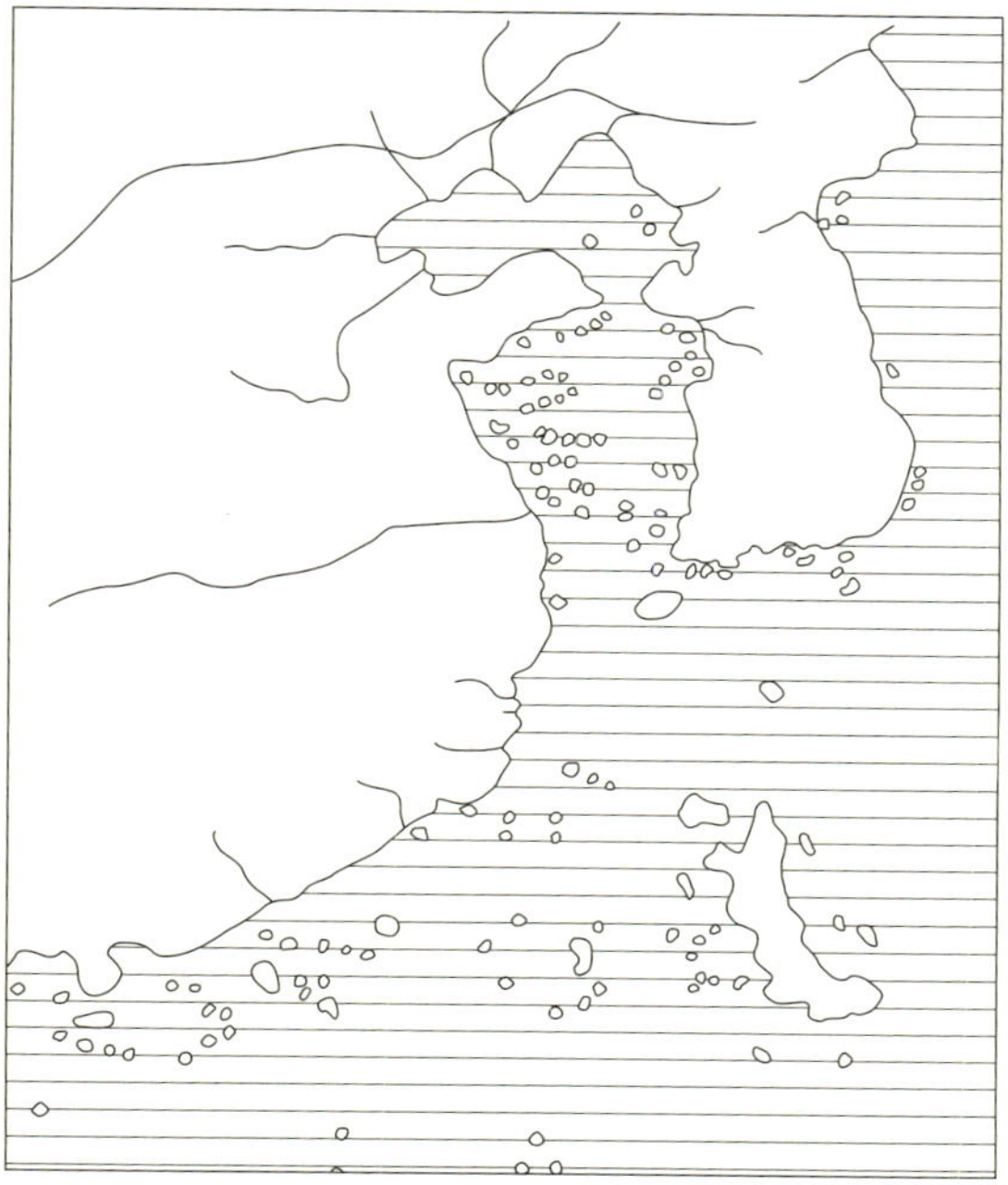

混一疆理歴代国都之図略図

第二には、方位について、前述のように戦国時代には既に「指南車」というメカを発明しているし、『九章算術』などの算術書や『周髀算経』などの天文数学書なども存在した当時の中国の技術力を、理由も無く侮る精神的立場にある、といえましょう。

ところで、大津教授のように奈良の纒向遺跡＝女王の都としますと、倭人伝の「狗奴国」との関係で矛盾が出てきて、また「南を東へ」と原文を読み変えなければならなくなるのです。ここで、「狗奴国」論に踏み込みますと、ますます支離支滅的になってきますので、深入りは避けますが、倭人伝には、「狗奴国は、女王の国の領域の、遠絶の地の旁国の一つの奴国の南に存在する」と書かれているのに合わなくなるのです。

この旁国の一つと倭人伝に書かれている「奴国」は、今まで述べて来た「伊都国から東南百里にある奴国」とは違う別の国です。この「旁国の奴国」についても後で述べたいと思っています。

大津教授だけではなく、卑弥呼は纏向にいた、と主張する方々もたくさんいます。そして、南を東に読みかえると、どうしても別の矛盾が出てくるのです。例えば白石太一郎氏（国立歴史民族博物館名誉教授）も南を東に読み変え派のお一人です。『古墳とヤマト政権』（文春新書）という本を一九九八年に出されています。卑弥呼が纏向にいたとすると、対立していた狗奴国はどこにあった国だろうか、と誰しも思い浮かぶ疑問でしょう。白石名誉教授はその本の中で、「尾張にいた」と主張されます。その本の中で、「狗奴国＝尾張」論について述べているところを紹介します。

邪馬台国のさらに南にあって、卑弥呼と戦った狗奴国との関係が想定される。玄界灘沿岸諸国のはるか南にあるとされる邪馬台国が近畿の大和にほかならないとすると、この南は東と読み替えることが可能となる。近畿のヤマトより東で対等に戦える勢力としては、濃尾平野の勢力を考えるのが自然である。邪馬台国と狗奴国の戦いは、その後の古墳の展開を見る限り前者の勝利に終わったのであろう。

このように、倭人伝の行路記事を、南を東へ読みかえて、卑弥呼の国を纏向にもって来ると、狗奴国の位置も南を東に読みかえなければならなくなるのです。

ついでに言いますと、いわゆる邪馬台国九州説の方々は、卑弥呼と戦った「狗奴国」を、その官の名が「狗古智卑狗」とあるので、これを音感から「菊池彦」に当て、熊本県菊池郡を「狗奴国」に比定しています。

しかし、近畿説の方々は、「『狗奴国』は『邪馬壹国』の南にある」と倭人伝にある記事の「南を東に読み替えて」「狗奴国」は尾張〜東海地方に比定するのです。いい加減な仮説が仮説を呼ぶ、典型的な見本です。

このように、自分が読みたいように史料を読み変える、という手法がまかり通っているのが古代史学会の現状のようです。

つまり、倭人伝の方位の記載を誤りとする理由は、卑弥呼の都は近畿にあった、というために、倭人伝の記載の方位を捻じ曲げる必要があるから、という極めて単純なものです。

以上述べてきました古田武彦氏の「里」と「方位」についての判断の正しさはおわかりになっていただいたことと思います。ここまでの説明でも、従来説では論理的に古田武彦説を論破できない、ということがおわかりになっていただけたか、と思います。

定説に閉じこもる先生方は、古田説を論破できないなら、どうするのでしょうか。古代史関係の学会は古田説があたかも存在しないかのように、〝無視〟するのです。学会の審査を受けた論文でない、という理由で。しかし、古田武彦氏の「邪馬壹国」という論文は一九六九年に「史学雑誌」という学会内の出版物に審査を受けて学術論文として発表されたものです。その論文すらも、あたかもないもののように無視しているのが古代史関係学会なのです。

つづいていよいよ『魏志』倭人伝に基づいた行路記事の解析に入ります。

第五章　魏使の行路の検証

倭人伝の行路記事の定説と古田説

いわゆる「邪馬台国」論について、近畿説・九州説と大きく分けて二つの説がある、というように高校の歴史教科書には出ています。

その九州説の学者さん方も、「奴国」は「な国」＝博多、とまず除外してしまうので、博多以外を「いわゆる邪馬台国探し」の対象としてしまうのです。

古田武彦氏は奴国を「なこく」と読みません。ですから、通説に惑わせられることなく「邪馬壹国」は、弥生期の遺跡の質量ともに日本列島内で屈指の地、博多湾沿岸地域と比定できたともいえましょう。

今まで、「里」の問題、「方」の問題、「方位」の問題などについて述べてきました。それでは、今まで難解とされてきた『魏志』倭人伝の行路記事の解析に移ります。

倭人伝の肝心の問題「行路」の問題、その行路部分は次のようです。その文章は当然中国文いわゆる漢文です。次に倭人伝の行路記事を紹介しますが、たったこれだけ、と驚かれると思われるくらい短い文章の解釈が、いろいろと論議を呼んでいたのです。

原文は次です。

原文

從郡至倭
循海岸水行
歴韓国乍南乍東到其北岸狗邪韓国七千餘里
始度一海千餘里至對海国（中略）
又南渡一海千餘里名曰瀚海至一大国（中略）
又渡一海千餘里至末盧国（中略）
東南陸行五百里到伊都国（中略）
東南至奴国百里（中略）
東行至不彌国百里（中略）
南至投馬国水行二十日（中略）

南至邪馬壹国女王之所都水行十日陸行一月（中略）
自女王国以北其戸数……（其余旁国二十一国の列挙がある。略）
自郡至女王国萬二千餘里

なお、「中略」とした部分は、行路記事に関係ない官名や戸数などを記している部分です（改行は著者による）。

この陳寿の行路文を、通説に従って読み下した文章を紹介します。どの先生がよいかな、と思案しましたが、現職の東大国史学教授大津透氏の『天皇の歴史01　神話から歴史』（講談社）にしたいと思います。

この本に蟷螂の斧を揮っておこがましくも書いたわたしの批評文は、「槍玉その47ａ」（前出）で検索できます。

大津教授の読み下し文は次です。


帯方郡より倭国に至るには、海岸に循《したが》い水行し、韓国を歴《ふ》るに、乍《たちま》ち南し、乍ち東し、其の北岸狗邪韓国に到る、七千余里。

始めて海を渡り、千余里で對海國に至る。又南に海、名づけて瀚海という、を渡って千余里で一大国に至る。又千余里の海を渡って末盧国に至る。
（末盧国より）東南に陸行五百里で伊都国に到る。
（伊都国より）東南百里で奴国に至る。（奴国より）東に百里行くと不彌国に至る。
（不彌国より）南へ水行二十日で投馬国へ至る。
（投馬国より）南へ水行十日陸行一月で邪馬台国に至る、女王の都する所である。
（旁国の説明　略）。
帯方郡より女王国に至る、一万二千余里。

これと同様に古田武彦氏の読み方を紹介します。前半はほぼ同じですが、伊都国以降が次のようになります。

（伊都国より）東南百里で奴国に至る。（伊都国より）東に百里行き不彌国に至る。
（不彌国より）南へ水行二十日で投馬国へ至る。
（不彌国より）南、邪馬壹国に至る、女王の都する所である。（不彌国と接している）
（帯方郡から）水行十日陸行一月かかる。
（旁国の説明　略）。

帯方郡より女王国に至る、一万二千余里。

この二つの読み方はざっと読みますと、ほとんど似ていると思われことでしょう。しかし、詳しくみますと大きく異なっているのです。

第一、「帯方郡から倭に至るには……」という書き出しの文章が、大津教授の文章では尻切れトンボになっています。「倭に至るには……」で始まって、「……狗邪韓国に到る」と、倭に至るはずの行程説明なのに狗邪韓国に到っているのです。首尾が一貫していないのです。

その点古田武彦氏の文章は、「帯方郡から倭に至るには……水行十日陸行一月かかる。そしてその距離は一万二千余里」と日程と距離が書かれているのです。

それに、大津説ですと、いわゆる邪馬台国は、「不彌国から二十日で投馬国に着き、そこから四十日かかる」とされるのです。古田説ですと、「不彌国から邪馬壹国までの日程ゼロ」、つまり接している、という大きな違いがあるのです。

これを図にしてみますとその違いがよく分かると思います。

これら図に見られるように、大津透教授の説明では、帯方郡からいわゆる邪馬台国迄一万二千余里であり、その中に、不彌国から邪馬台国までの日程、水行三十日・陸行一月などが組み込まれています。

各区間の距離の総計は一万七百余里で、総距離との差は一千三百里となります。

この距離（これは末盧国―伊都国―不彌国が六百里ですから、その往復とほぼ同じくらいの距離です）を、水行三十日と陸行一カ月で行く（計二カ月で行く）、という常識的にもおかしいと思われる書き方なのです。つまり、倭人伝の行路記事の数字はいい加減だ、という前提での行路説明なのです。

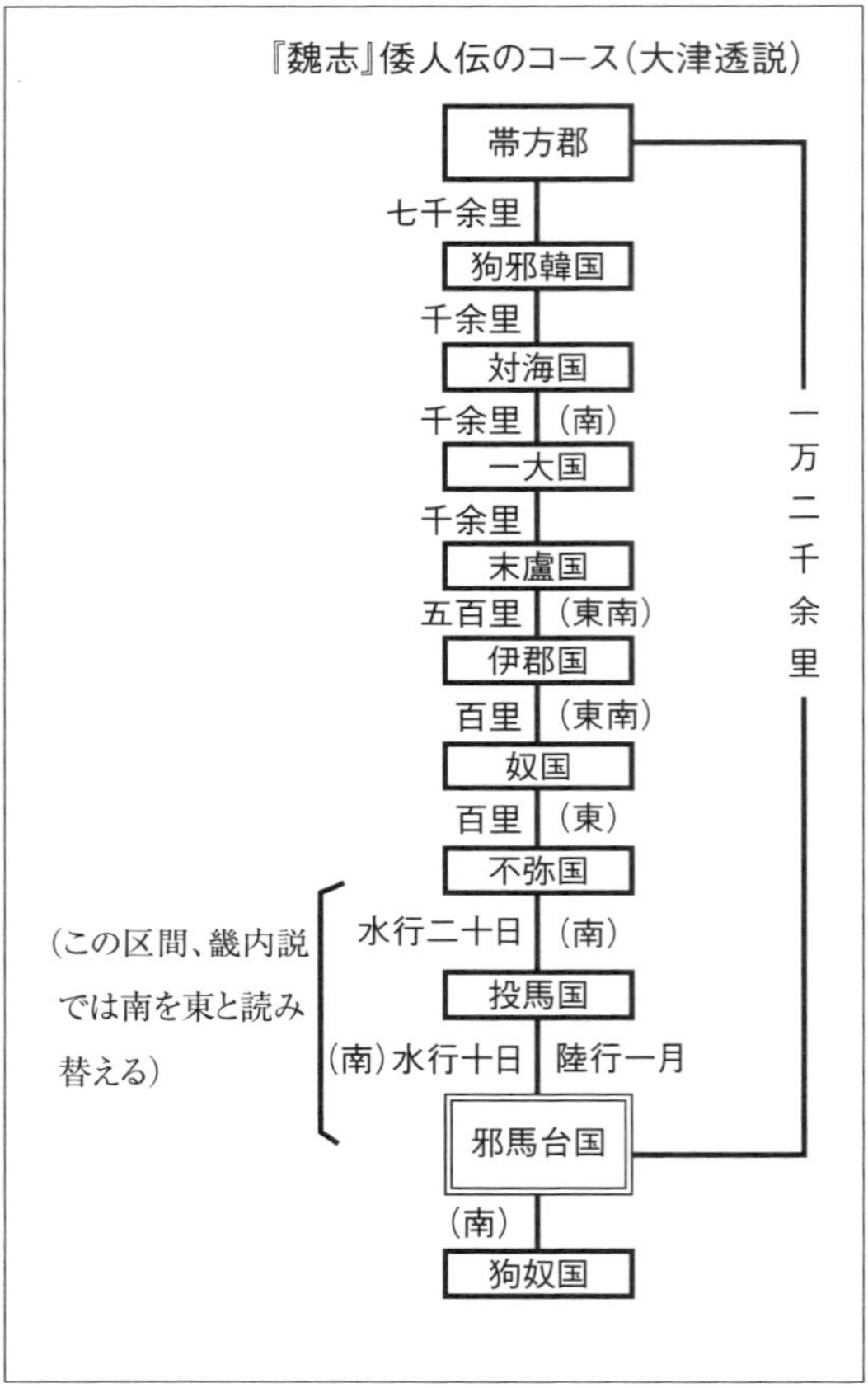

大津説行路図（『天皇の歴史01 神話から歴史へ』より）

古田武彦氏の説明では、帯方郡から邪馬壹国迄の距離は一万二千余里であり、日程は水行十日陸行一月、と併記されて

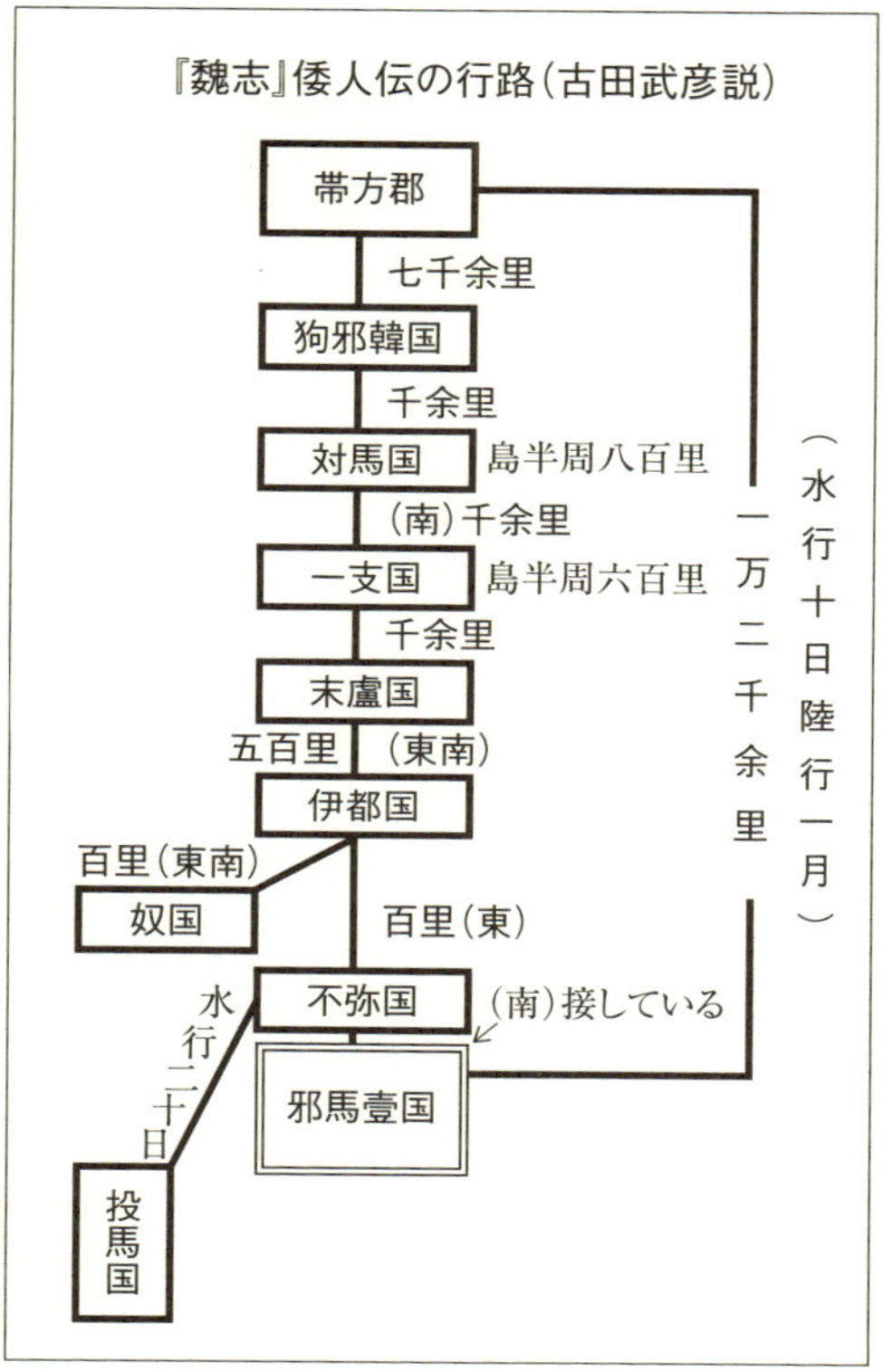

古田説行路図（『「邪馬台国」はなかった』より）

いることが通説、つまり大津教授説と根本的に異なるところです。

各区間の距離の総計は一万二千余里（約九二〇キロメートル）で、ピッタリ合います。トータルとして、水行十日、陸行一カ月計約四十日ですから、一日平均二三キロメートルの行程で、朝鮮半島中央部の帯方郡から北部九州に至る日程として、古代であっても常識的な旅程と思われます。

古田説と定説との相違点をまとめてみます。この二つの行路図の違いの大きいところは、

大津透説

◇伊都国～奴国～不彌国～投馬国～邪馬台国という直線行路、

◇不彌国から邪馬台国を水行三十日陸行一月、
◇帯方郡から女王国までの総距離は一万二千余里。
古田武彦説
◇伊都国～不弥国～邪馬壹国であり、奴国と投馬国は傍線行路、
◇不彌国と邪馬壹国は接している（注記「接する」について、を参照ください）、
◇帯方郡から女王国までの総距離一万二千余里と、総日程水行十日陸行一月を併記している。

というところです。

注記「接する」について
古田武彦氏は倭人伝に、「不彌国の南邪馬壹国」とあるのを、『漢書』西域伝などに「接」を記さずに、接している国を表現している例を上げられ、不彌国と邪馬壹国は接しているのだと説明されます。

『漢書』西域伝の例
国間距離が〇《ぜろ》の場合、「接」と言う語で表すのに、この場合、「接」がないのは行路記

事の場合だからである。先の『漢書』の黄支国の行路記事でも、已程不国と黄支国の国間距離は書かれていず、接していることを示している。陳寿もこのような行路記事の先例を知っていたのである。

また、半沢英一氏（数学者、金沢大学準教授）の『邪馬台国の数学と歴史学』（ビレッジプレス、二〇一一年）には次のような数学の面からの説明もあります。

魏朝時代の数学者劉徽が著した『九章算術』に使われている「里」が『周髀算經』に用いられている「里」と同じで一里七六〜七七メートルである。また、古代中国にはゼロの観念がなかった、といわれるがそうではない。この『九章算術』には「無入」ということでゼロを表している。これは「倭人伝」の行路記事「南至邪馬壱国」の文章に見ることが出来る。つまり「距離の無入」で距離ゼロ、「接して」いると表現している。

と述べています。

ところで、大津教授説（通説もほとんどこれに近いものばかりです）の大きな問題は先述のように、不彌国から水行二十日で投馬国、そしてまた水行十日陸行一月で邪馬台国、と博多湾岸から水行三十日陸行一カ月、というとてつもない遠国に、いわゆる邪馬台国を設定されていることです。

そして、説明図にただし書きされているように、近畿説の場合、「南」を「東」に読み変える必要が出てくるのです。

古田武彦説は、『三国志』にかかれている行路記事は、通説のような直線行程でなく、次のような「道行き行路」で書かれていると説明します。

古田武彦氏は、『魏志』における、「到る」と「至る」の用法、日程表示と里表示などの解析から、この倭人伝の行路記事の文章は「道行き文」である、と次のように読み下しています。

古田武彦
道行き読法による行路

帯方郡治 ― 狗邪韓国 ― 封海国 ― 一大国 ― 末盧国 ― 伊都国 ― 不彌国 ― 邪馬壹国

伊都国 → 奴国（東南百里）

不彌国 → 投馬国（南水行二十日）

郡より倭に至るには……伊都国へ到る。それから東南へ百里行けば奴国に至る（これは傍線行程）。伊都国から東へ百里行くと不弥国に至る（これが邪馬壹国の入り口）。不弥国から南二十日の航路で投馬国に至る（これも傍線行程）。郡から倭へ至るには、南へ水行十日陸行一月行ったところが卑弥呼の都であり、計一万二千余里である。

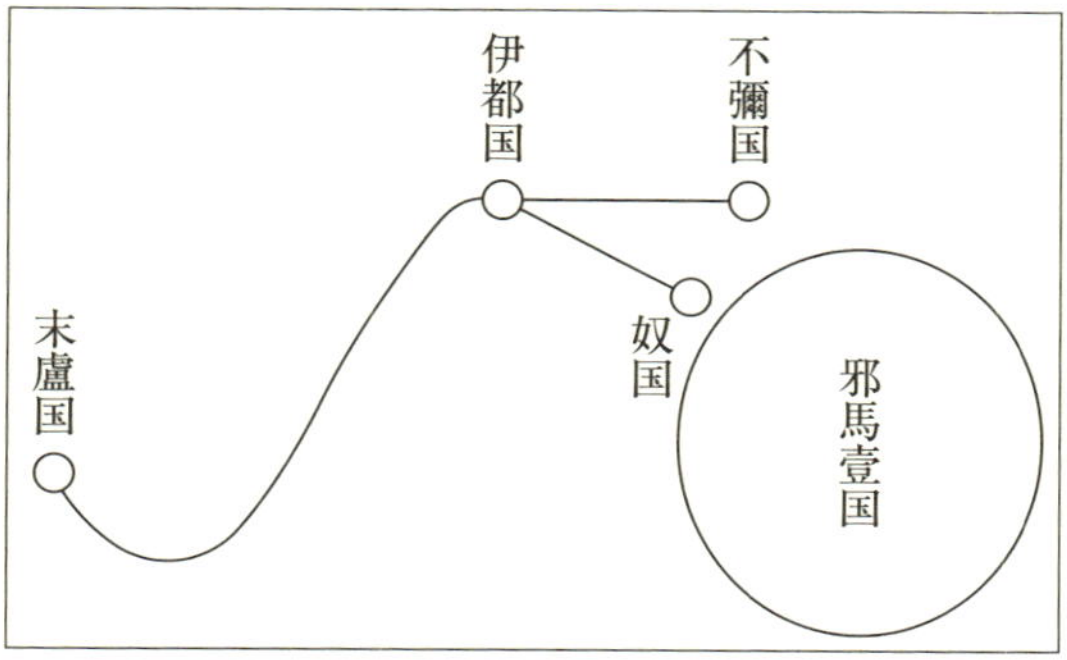

五ヶ国関係図『「邪馬台国」はなかった』より転載

また『三国志』の中の道行き文の例を掲出され論証の根拠ともされています。その結果、「邪馬壹国」は博多湾沿岸にあった国家とされます。

言葉で説明するとくどくなります。古田武彦説による伊都国・不彌国・奴国・邪馬壹国の関係を上図で示されます。

通説と古田説について説明しましたが、高校の補助教材書の中には「放射状行路読解法」として榎一雄氏（一九一三〜一九八九年　東京帝大卒業、白鳥教授の後、助教授、教授）の行路解釈が九州説を支持している、と説明しているものもみかけます。例えば『石川日本史B講

義の実況放送』（語学春秋社、二〇〇五年）。

この説は一時、高校の教科書にも載り、原文を変更せず、魏使は伊都国まで来て、そこから各国への行路を述べている、というものです。

しかし、その説は、「邪馬台国まで一万二千余里で、伊都国迄が合計一万五百里となる。つまり、伊都国から邪馬台国までは千五百里となる。その千五百里を「陸行すれば一月、水行すれば十日」と解すると辻褄が合う」ということで成り立っています。

そして、唐代の『六典』によると、「歩行一日五十里」とある。だから、千五百里割る五十里は三十、つまり三十日の陸行となる、という説明です。

しかし、榎氏の計算根拠の、倭人伝の里数一千五百里という距離は、三世紀の魏朝の里によるものです。

榎氏がいわれるように、帯方郡（現在のソウル近傍）から伊都国（現在の糸島市）の距離が一万五百里だとすると、唐代の『六典』の距離を使うと、一里が五六〇メートルですから、五八八〇キロメートルとなります。現在の航空路福岡～ソウル間のマイル数は三五〇マイル（約五六三キロメートル）です。十倍以上違います。直線の航空路ですから、地上の行路長とは勿論違いますが、明らかに根本的に間違っている前提に立っている榎説であると言えます。

魏代の短い里単位で記述された倭人伝の里数を、唐代の一里五六〇メートルを基準とした「一日歩行五十里（約二八キロメートル）」で歩行すれば、で解釈することの矛盾が古田武彦氏から指摘されており、表立っての支持は影をひそめています。

しかし、魏使は伊都国迄しか行かず、それからの記述は放射状に各国の位置を記した、という説の亜流は絶えません（先の生野真好氏もそのお一人です）。魏代の一里は八十メートル弱、唐代の里は四六〇メートルと五倍以上の長さのものを同一テーブルに載せて論じる榎説は、既に崩壊しているのです。

また、榎一雄氏が不彌国には実際には行かなかったのだ、「東に百里行けば不彌国に至る」と読むのに対し、古田武彦氏は、「行」は実際に行ったことをいうと、『三国志』における陳寿の「行」の使用例を挙げています。

煩雑に思われるかも知れませんが、氏の厳格な調査のやり方を示す例ですので、お許しください。

「行く」については、

令不東行（東行せざらしむ）　「蜀志七」

西行七百余里（西行、七百余里）　「魏志九」

便道南行（便道、南行す）「呉志七」

泝流北行（流れをさかのぼって北行す）「蜀志十」

のように、実際に「行く」ことを示していて、

「行至」の場合は、
行至曲阿（行きて曲阿に至る）「呉志三」

俄然行至（俄然、行き至る）「呉志十三」

其応行至（それまさに行き至るべし）「魏志二十九」

先主与倶行至下邳遇賊（先主と倶《とも》に行き、下邳《かひ》に至りて賊に遇う）「蜀志二」のように、いずれも実地に「行き至る」ことを示している。


そして、「行」の字は『三国志』全体に五百四十四字出現していてそのいずれも、実地に「行く」ことを示していると古田武彦氏は検証しています。

つまり、魏使は不彌国に実際行っている、伊都国どまりはありえない、ということです。

さて、古田武彦氏の「魏使の行路」を検証してみることにします。

検証のスタート末盧国

末盧国での問題は、「末盧国の何処に魏使が到着したのか」ということです。

基本的には、魏使は松浦半島のどこかにあった末盧国に到着して、次の目的地、伊都国に出発している、ということは疑いのないことでしょう。

松浦半島北端の、豊臣秀吉が朝鮮出兵の基地とした名護屋港や、呼子港なのか、それとも唐津港なのか、と意見はあるようです。

しかし、「倭人伝」の行路記事で「狗邪韓国～対馬　千余里」、「対馬～一大国　千余里」、「一大国～末盧国　千余里」という記事からすると、海上の距離であり誤差は多いとせよ、壱岐から対馬とほぼ同等の距離というこの記事を無視することは出来ないでしょう。

また、次の目的地、伊都国へ「東南」方向へ出発するという記事に合う「末盧国の国都」の地点は、菜畑遺跡・桜馬場遺跡などの縄文後期から弥生期の遺跡に近い唐津港あたり、とした古田武彦氏の判断が妥当と思われます。

西唐津駅と、菜畑や桜馬場の遺跡は、二キロメートル程離れていますが、アロワンスの範囲内として、唐津港に近い西唐津駅付近に末盧国の中心があったとして行路検証をス

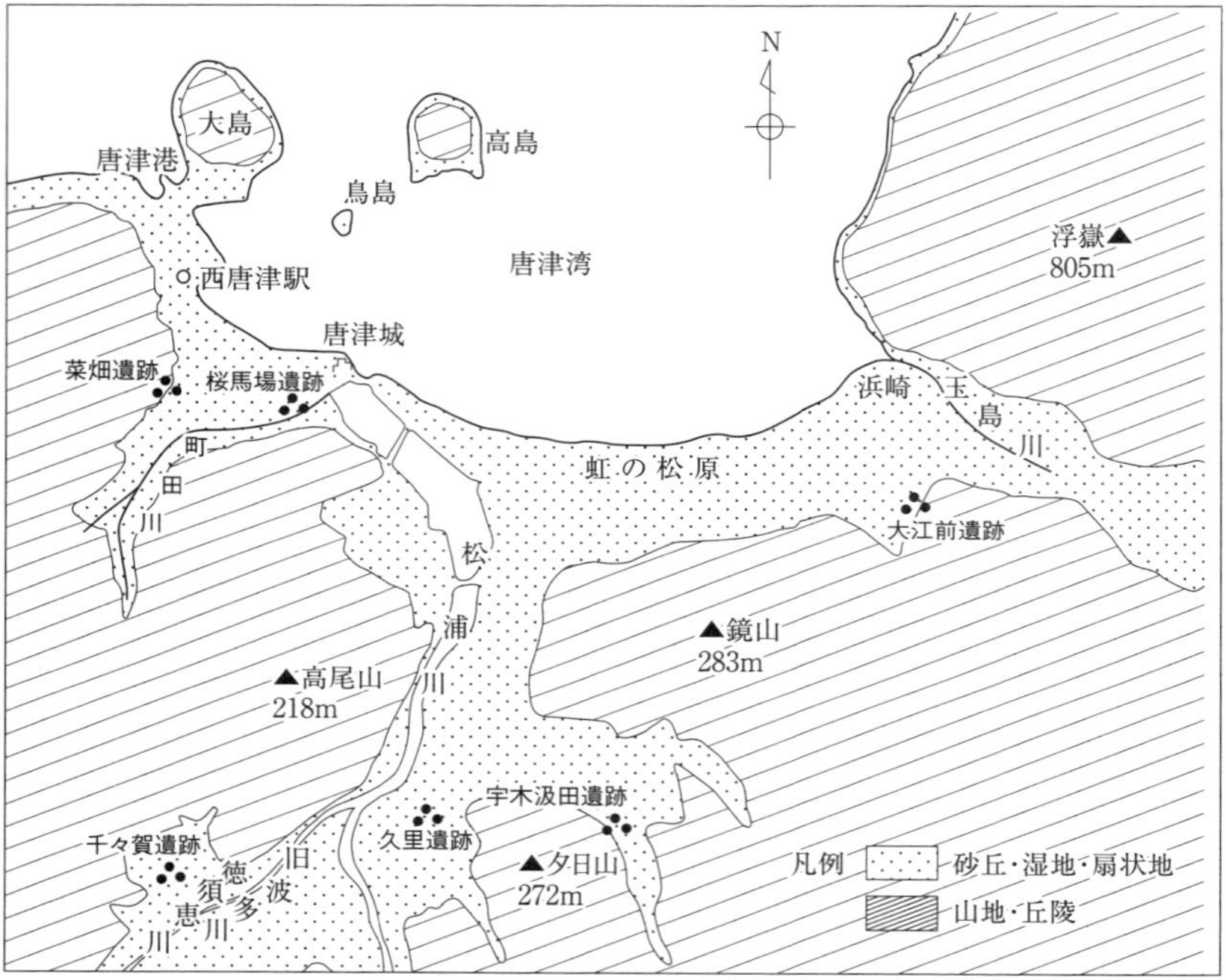

唐津の地質と遺跡（「唐津の地質と弥生遺跡図　唐津湾周辺遺跡調査委員会　1982年報告書を参考に作成）

タートさせます。

古田武彦氏の魏使の到着地についての説明はこうです（『邪馬台国」はなかった』）。

　じっさいの地理上の測定をするに当って、最初に決定すべき問題は、末盧国の位置である。

　これが北九州松浦郡と関連していることは、ほぼ疑いないと思われる。しかし、現在の松浦郡は東西南北相当に広大な地域をふくんでいる。そこでその中で、魏使の上陸した末盧国はどの地点かを推定せねばならぬ。
(a)上陸地点から、東南・東・南と行路をとっている点から考えると、東松浦半島以東の地点と思われる。いいかえると、「呼子―唐津―浜崎」の間である。
(b)右のうち、呼子は壱岐から最も近い。
しかし、「対海国―一大国」間と「一大国―末盧国」間とが同じく千余里とされている点からすると、呼子ではあまりにも短距離となり、不適当である。また、末盧国から「始発」する方向が「東南陸行」と書かれているのにも合致しない。
(c)つぎに、浜崎とすると、一大国からの距離は妥当する。しかし、「東南陸行」という、「始発方向」があわない。それゆえ不適当である。
(d)これに対し、唐津の場合、壱岐よりの距離が妥当するうえ、「東南陸行」という「始発」方向が適合している。またここは中国・朝鮮よりの、古くからの着港地としても知られている。それゆえ、最も適切である。
(しかし、唐津港より東唐津にいたる、いずれの地点をとるかによって、五十里前後の誤差は当然存在しよう)
大体において、いわゆる「邪馬台国」探しの論者は、「邪馬台国大和説論者」も「邪馬台国九州論者」にしても、この「一大国～末盧国」の行程については、「壱岐から松浦（唐津）」あたりだろう、ということについては、松本清張氏も『古代史疑』で述べていますが、ほとんど異論はないようです。

これは、前掲の唐津付近図にみられるように、次の目的地伊都国へ向かうのに「東南陸行五百里」と合う地形状の条件があるからです。

虹の松原の西端あたりに到着すると、次に「東南に陸行」できるルートは玉島川を遡るルートはありますが、脊振山脈にさえぎられ、嘉瀬川に沿ってくだれば、吉野ヶ里あたりが五百里に相当する場所です。伊都国・不彌国・奴国という関連する三国を合理的に比定する場所が見当たらないのです。その点からみても次項で詳しく述べますが、唐津湾あたりが次の伊都国へのルートの出発点として、条件を満たすのです。

しかし全く異論がないわけではなく、例えば、前述のように推理小説作家の高木彬光氏がいました。末盧国は宗像の神湊とされて、卑弥呼は宇佐にいたと、名探偵神津恭介に無理な推理をさせていました。

東南陸行五百里とは

末盧国の次に魏使が向かったのが「伊都国」です。「東南陸行五百里到伊都国」と倭人伝にあります。

「末盧国」が唐津あたりとしますと、東南の方向には松浦川上流方向になります。そして五百里あたりの距離のところの「伊都国」の位置には、現在の多久市や小城市があります。そこから東へ百里の「不彌国」のところは佐賀市大和町あたりとなり、不彌国に接する「邪馬壹国」は吉野ヶ里あたりになります。それでは邪馬台国吉野ヶ里説が出てもおかしくないと思われます。

方位と直線距離という点から見れば、吉野ヶ里も、いわゆる邪馬台国の比定地の資格はあるように思えますが、「伊都国」は怡土県《いとあがた》や怡土郡・伊覩《いと》神社・糸島（怡土・志摩）という地名との関連の強い福岡県糸島地方に匹敵するような「伊都国」を、佐賀県北部に比定できる地が見つからないのか、積極的に「邪馬台国吉野ヶ里」説を声高に唱える方は少ないようです。

吉野ヶ里遺跡発掘を担当された考古学者高島忠平氏（当時佐賀県教育委員会）は「倭人

伝」の数字は当てにならない、と、あくまでも考古学的出土品から見るべき、と主張され、広い意味での「邪馬台国九州説者」と自称されています。（季刊「邪馬台国」を主宰する安本美典氏も邪馬台国九州説に各説あり、とされながら、吉野ヶ里は上げられていません。）

これについて、古田武彦氏は、唐津から佐賀方面に出るには、南陸行して途中東南行となる。つまり、伊都国が唐津から見ると直線方向で東北であるのと同様、佐賀方面は直線方向で東南の位置にあるが、倭人伝の「道しるべ読法」記述法（後述）と異なる、とされます。

唐津→糸島をなぜ東南方向と記したのか、ということについて、古田武彦氏は、あくまで「実地に立った実際的な表記」である、と次のように説明します。

道しるべ読法　「末盧国―伊都国」間について、「東南陸行五百里、伊都国に到る」と記されている。この方向記事について、従来、原文面が「方向上の大きな狂い」をもって記述されている証拠とされてきた。

なぜなら、伊都国は現在の糸島半島の前原近辺とされている。そうすると、それは唐津から「東北方」に当っている。

それを「東南」と記すのであるから、倭人伝の方向記述に少なくとも「九十度前後」

の狂いがあることは確実、と考えられたのであった。

けれども、このような考え方は、原文面の「東南陸行」の「陸行」の字を無視し、『三国志』全体の表記法にしたがわない、あまりにも「粗放な読み方」というほかないのである。

先にものべたように、『三国志』は、実地の地形に即した、実際的な正確性を目標とした記述法をとっている。

その実例を二、三あげよう。
（1）八月、帝、遂に舟師を以て譙《しょう》より渦に循《したが》ひ淮《わい》に入り、陸道より徐に幸す。（魏志二）
（2）先主、陽平より、南、沔水《べんすい》を渡り、山に縁《よ》りて前《すす》む。（蜀志七）
（3）臣初めて之を嫌ひ、水陸倶に進み、今反りて船を舎て歩に就き、処処に営を結ぶ。（呉志十三）
右は魏・蜀・呉の各志より随時一例ずつひろった。いずれによってみても、きわめて実地の地形を重視し、それをまざまざと眼前に描出しようとする。そういった記述法をとっていることが知られよう。

先に「島めぐり」読法のところであげた「周旋」表記も、実は、このような『三国志』全体を通じて一貫した記述方式の一例をなすものであった。」こうしてみると、倭人伝における「東南陸行」についても、あくまで「実地に立った実際的な表記」として理解せねばならぬ。

今、わたしたちは、唐津の一地点に立ったとして、考えてみよう。

そこからは、次のような各他方向へのルートが存在する。

西北陸行――呼子に至る。

南陸行――（a）途中、西南行して伊万里に至る。

（b）途中、東南行して佐賀に至る。

北水行――途中、西北行に転じて壱岐に至る。

東北水行――伊都国に至る。

これらが今、一個の「道しるべ」（道標）に記されているとしよう。

伊都国に至る陸のルートは、当然、右の中には存在しない。「伊都国に至る、水行」とも違うのである。いったん、「東南陸行」して、虹の松原付近へのルートをとり、そこからさらに浜崎に至る。そうすると、あとは「北上・東北行」などを海岸線にそってたどり、「周旋」しつつ、迷うことなく、必然的に、伊都国に至るほかないのである。

この場合、おおよそ山と海岸にはさまれた、あるいはそれに近い行路であるから、右の「南陸行」の場合のように、途中に岐路はない。つまり、この「東南陸行」という「始発」方向さえあやまらねばいいのだ。実地の行路を指示するための、実際的な行路のしるされた「道しるべ」には、当然、その「始発方向」が記せられている（この場合、「末盧国—伊都国」の直線方向は、ほぼ水行と一致する）。

こうしてみると、『三国志』全体の表記法と同じく、これがこの行路にとって、最も実際的な表記法なのである。

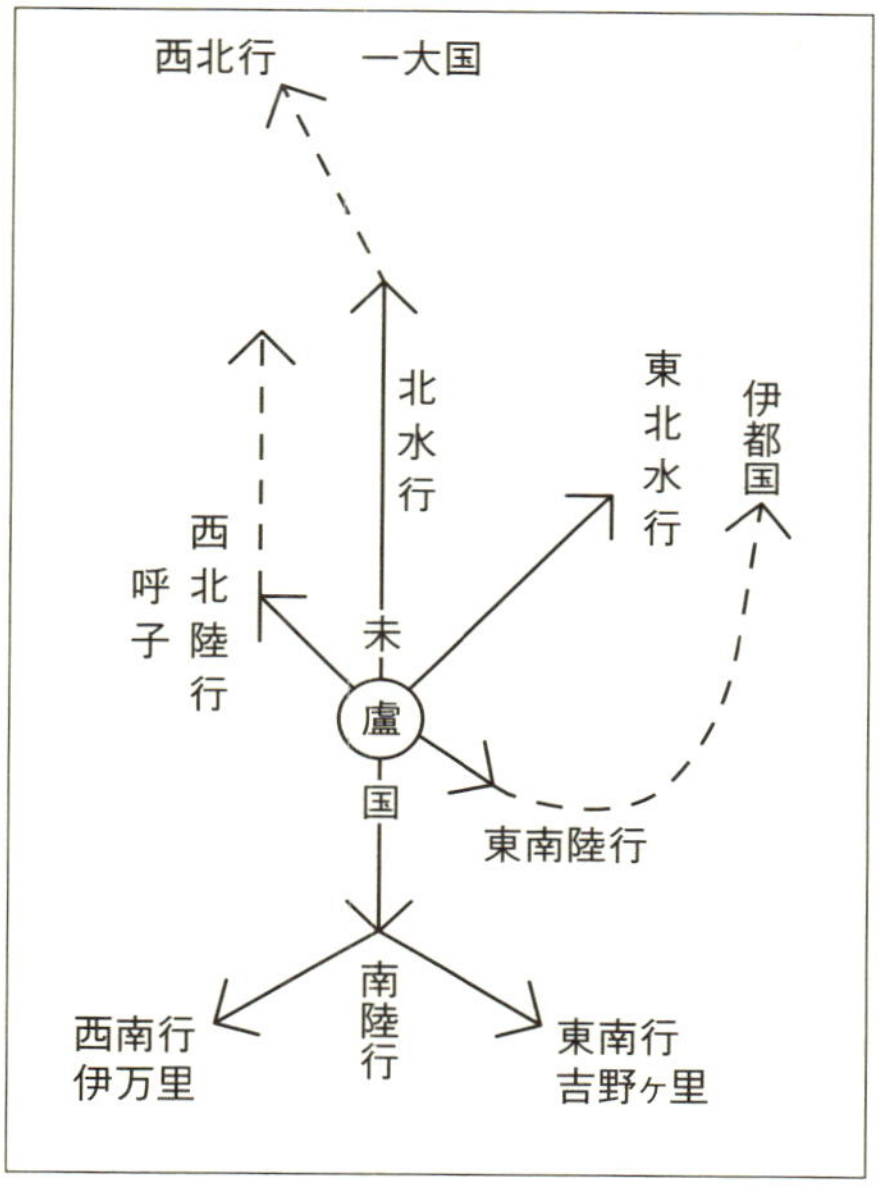

唐津中心の方向指示図。古田武彦『「邪馬台国」はなかった』掲載図に具体的地名を追加したもの）

それゆえ、ここになんらの方向上の錯覚は存在しない。したがって、この記事をもとにして、他の方向記事を全部九十度ずらして理解しようとする、そのような研究方法は当然成立できない。

なぜなら、その方法は「東南陸行」を「直線方向」（この場合

「東北」となる）と混同しているからである。

この点、「東南、奴国に至る」「南、投馬国に至る」がいずれも「行」字なく、正に「直線方向」をしめしているのと、全く異なる記述なのである。

（『「邪馬台国」はなかった』より）

古田武彦説の各国の比定地

古田武彦氏は『「邪馬台国」はなかった』で次のように伊都国と不彌国の比定地を表にして示しています。末盧国（唐津）から五百里（約四〇キロメートル）陸行すると、糸島平野に到着し、そこから東へ百里行けば不彌国に着く。そこが邪馬壹（台）国の玄関口であ

百里	七・五キロ	九キロ
伊都国	波多江付近（前原－周船寺間）	室見川河口付近
不弥国	姪浜付近（生の松原－西新町間）	博多駅付近

（古田武彦著『「邪馬台国」はなかった』より転載

唐津から東南に向かい、自然に道なりに東に向かうルートにある虹の松原を鏡山から撮影した。中央の島は高島

る、という説明です。

実はこの表には問題点があるのではないかと思われました。

それは、伊都国を右表のように「波多江付近」とした場合、そこから百里の不彌国を姪浜付近とされていますが、ちょっと違うのではないかと思われます。

波多江近傍から百里（約八キロメートル）では今宿からせいぜい生の松原あたりであり、とても姪浜には届かないのです。姪浜付近という「付近」という説明で倭人伝の距離表示より少なくとも三割ほど東にもっていかれています。

この問題については後で詳しく検討します、

一九七一年に出版された『「邪馬台国」はなかった』では、まだ『魏志』の里は、一里が七五～九〇メートルではなかったか、という幅のある物差しでの古田武彦氏の「伊都国」の比定でした。従って、先程の表では、一里が七五メートルと九〇メートルの両方の物指での表となっています。

しかし、実際的な判断は、「一大国（壱岐）の方三百里」という記事から、一里＝七五メートルに近い、という判断を古田武彦氏はされています。つまり、壱岐はわりとはっきりした形状をしている。その島を地図で測定すると、一里は、先の朝鮮半島方四千里から得られた九〇～七五メートルの最小値である七五メートルの方が妥当している、とされています。

『「邪馬台国」はなかった』の出版から二十年後、古田武彦氏は『日本古代新史』という古代史通覧の本を出されました。

そこには、氏の「邪馬壹国」探しについて、注意すべき点や比定地について纏められています。（『日本古代新史』新泉社、一九九一年、同書九十～九十九頁「邪馬壱国の中心と範囲～位置比定の資格基準～邪馬壱国の比定地」より）

少し長い引用になりますが、古田武彦氏の地名比定の原則を述べられたところですからお許しください。また、その中でわたしが探そうとしている「奴国」の比定地についても述べられています。その中の参考になる諸点をあげます。

①伊都国は旧怡土村、今の前原町か糸島神社あたり。

②不彌国は、それから百里の今宿から姪浜あたり。そこが邪馬壹国の西の入り口。

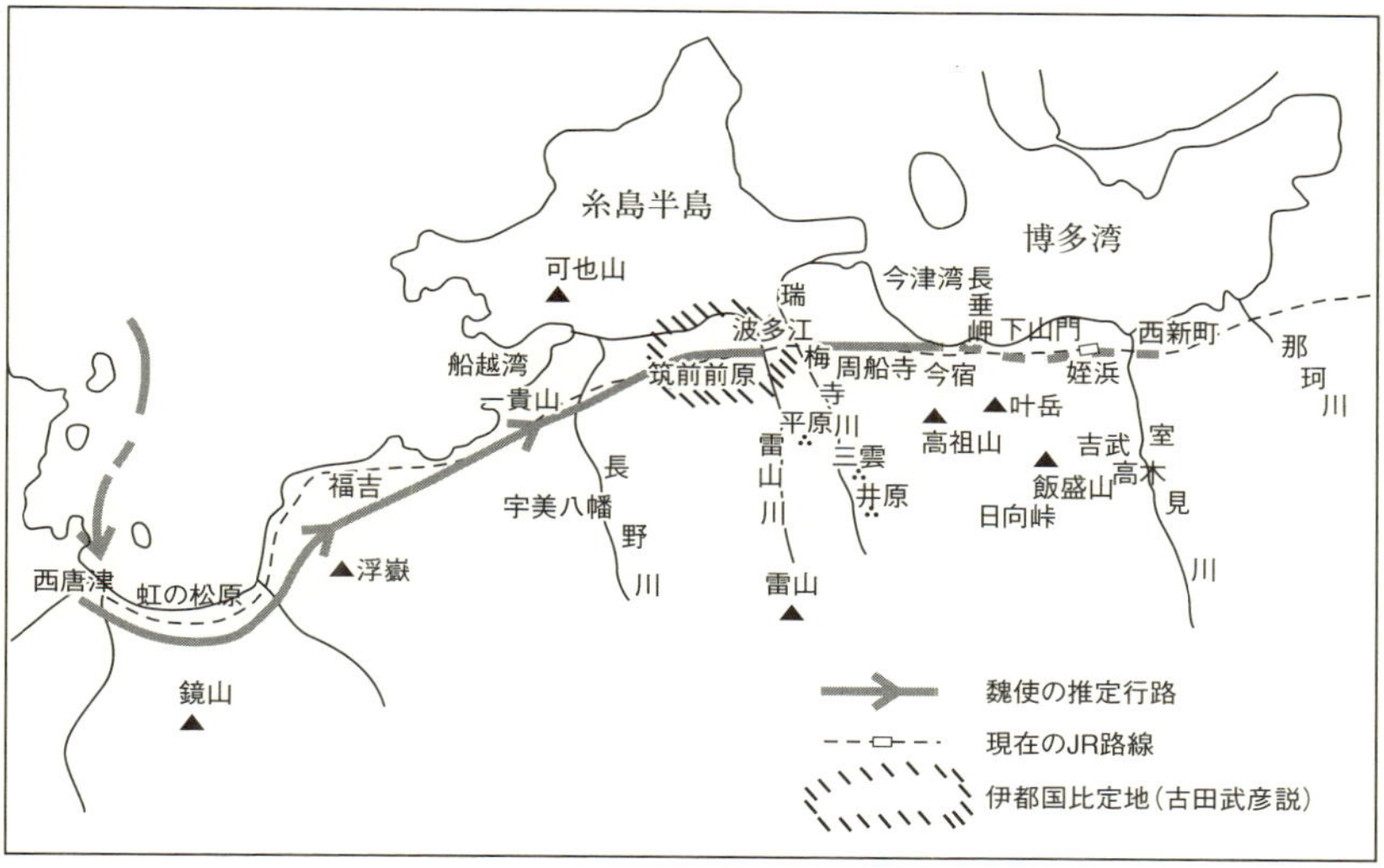

古田武彦氏による伊都国の所在地

③そうすると、邪馬壹国は従来「奴《な》国」とされてきた博多湾岸一帯となる。

④真の「奴《ぬ》国」は糸島平野の東南部になる。

⑤邪馬壹国中心はどこか。第一の候補地は室見川流域で、第二が那珂川・御笠川流域。北は博多駅から南は太宰府まで。弥生銀座ともいわれる弥生期最密集出土地域。『「邪馬台国」はなかった』ではこの二つを併載しておいたが、その後の探究で第二の地域が中心である、という結論に至った。

ここまでのところで古田武彦氏は、まず、

◇伊都国は、前原～糸島神社（伊観神社の誤り？）とされ、

◇「奴国」は糸島平野の東南部であり、

伊覩神社

◇邪馬壹国の中心は室見川流域よりも、那珂川・御笠川流域であろう。

という整理をされていることがわかります。

この整理された比定地の当否を検証してみて、奴国のありかを探してみていきます。

伊覩神社は現在、神官も常駐していない小ぶりの社《やしろ》ですが、清掃もいき届いていて気持のよい神社です（福岡市西区周船寺二）。

古田武彦氏が比定される「奴国」の位置を地図に示します。井原遺跡や高祖神社から日向峠に向かう王丸集落あたりや、その西隣の丘陵地、現在の雷山カントリークラブあたりが該当します。

「奴国《ぬ》」が糸島平野の東南部であったとして、それが倭人伝の行路記事と矛盾なく収まるかどうかと検討を続けてみます。

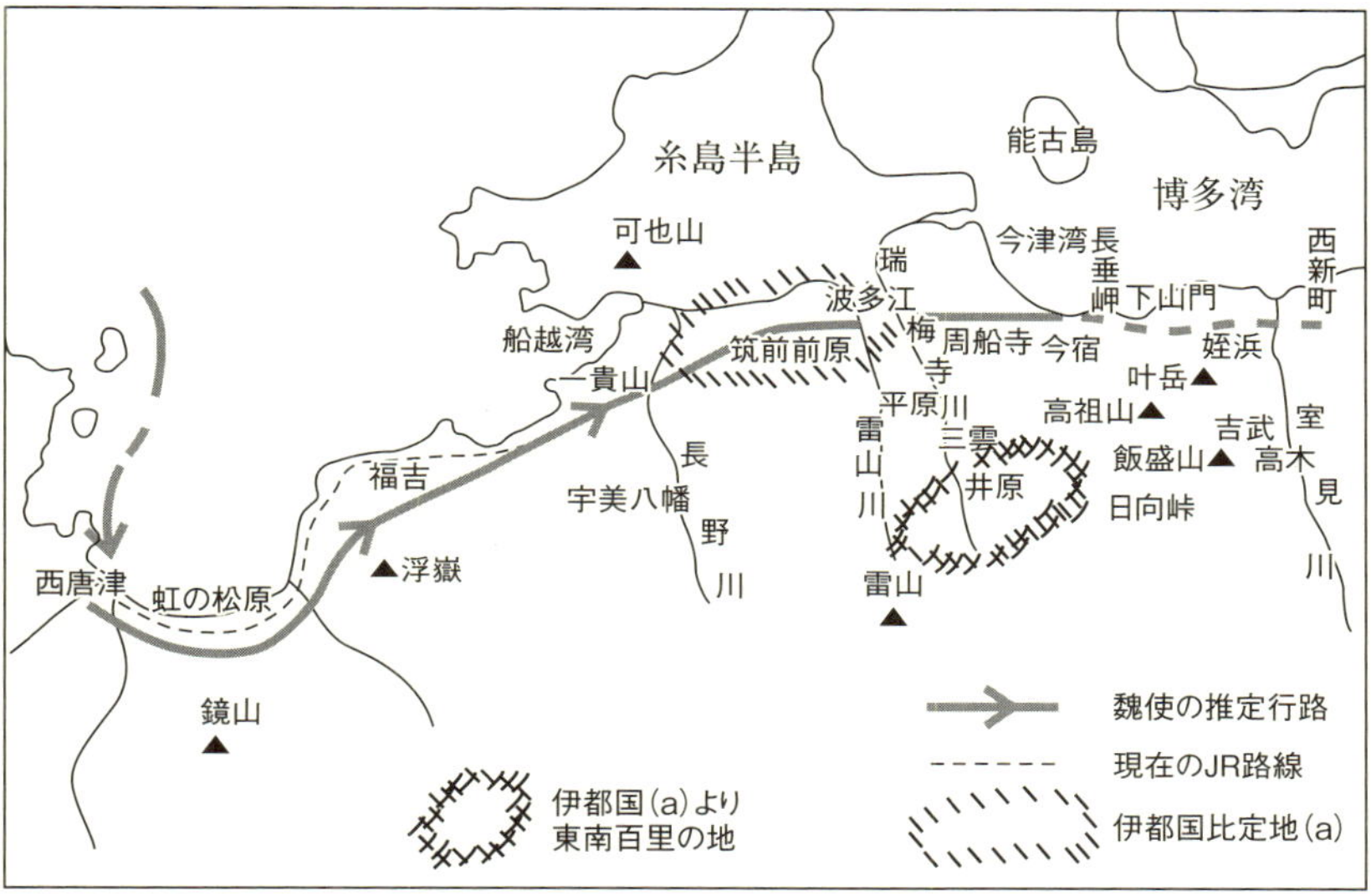

古田武彦氏奴国所在地

比定地の資格基準

古田武彦氏は、「いわゆる邪馬台国探し」で、各説が資料を恣意的に読むことの誤りを批判し、「位置比定の資格基準」ということについて述べられます。わたしも、この古田武彦基準で「奴《ぬ》国」探しを行いたいと思います。「比定地の資格基準」について古田武彦氏は、別に難しいことをおっしゃっているわけではありません。至極常識的なものです。その著『日本古代新史』より抜粋して紹介します。

① 『魏志』倭人伝には行路記事に距離「里数」が記されている。それに対する自分の考えを明確にしなければならない。

ただ、自分の好みの地に理由を付けて力説してもそれは学問ではなく、趣味の類である。

②考古学的出土品が女王国の都にふさわしい弥生時代の遺構や出土品が存在するか。卑弥呼は宗教的な指導者であるから、政治的中心地的遺構とは無関係、とする理由は成り立たない。都する所とはそこが政治の中心地を意味することは明白である。

③また、出土品は存在したが、それらは事情によって遠隔地に持ち去られた、ということを理由に上げるのはもはや学問とは言えない。

④自分の比定地した地域には弥生遺跡があり、その出土品がたくさん存在していても、それだけでいわゆる「邪馬台国」とすることは出来ない。どんな土地でも人類はそこで生活し。生き死にしていたのであり、遺物は存在し得る。弥生期の出土物の出土中心であること。ことに「倭人伝」に記された、鉾・鏡・絹などについて、上記の裏付けが必要。

以上の諸点をクリアして初めて「邪馬壹国」の比定地の候補と言えよう。

以上ですが、この比定地の資格基準を、わたしは「邪馬壹国」のみならず、「伊都国」「不彌国」「奴国」にも当てはめて改めて検証してみたいと思っています。

古田武彦氏は、新しい「魏里」の物さし「一里が七六〜七七メートル」を使った「邪馬壹国」の比定地については概略次のように述べられます。

先述の、比定地の資格基準に立つ限り邪馬壹（台）国の中心は、博多湾岸の博多駅から太宰府間の弥生遺跡のゴールデンベルト地帯以外にはあり得ない。

しかし倭人伝からはその範囲はわからない。

しかし、山門つまり山の門という地名が筑後川流域にあるし姪浜付近にもある。又、倭人伝がいう七万戸の大国であれば福岡平野では狭く筑後川流域もその範囲にあったと思われる。（『日本古代新史』より要約）

このように述べられている古田武彦氏の探究の原則を、「奴国とは何処」という問題に当てはめ、「奴《ぬ》国」探しを始めてみます。

第六章　奴《ぬ》国探し

奴《ぬ》国探し開始

「奴国」の読みについて検討した結果、従来の「なこく」ではなく、「ぬこく」であったことが確認できました。

次に、『魏志』倭人伝の行路記事の解釈では、古田武彦説が論理的であることを確認しました。また、そこに記されている「里」の長さは、一里が八〇メートル弱の短い里であることも確認しました。

その古田説による末盧・伊都・奴・不彌・邪馬壹国の相互位置関係の正しさも確認できました。ということで、やっと、目的の「奴国探し」を開始出来ることになりました。

あらためて整理しておきましょう。古田武彦氏は、『「邪馬台国」はなかった』では、「奴《ぬ》国」のありか、について、おおむね次のように述べています。

・奴国＝那の津という地域比定は妥当ではない。那の津は邪馬壹国だ。
・奴国は糸島郡の平野部に存在した可能性が高い。
・仮に、百里を九・五キロメートルとしても、奴国を那の津に持ってくることは難しい。
・「奴」国は「ぬ＝野」国であり糸島平野の東南部である。「伊都国」は海岸部であろう。
・「野」の類縁地名「長野」「野北」などの地名も存在する。

以上ですが、遺跡については、井原・三雲などの墓域遺跡や、高祖神社などもあり、「奴国」の資格はあるように見えます。ただ、奴国の比定地とされる肝心の糸島の東南部には「野」の類縁地名が見当たらないようで、ちょっとひっかかります。

『「邪馬台国」はなかった』の一九七一年の出版以後、現在までの間に、この倭人伝の行路解析に影響を与えた出来事と言いますと、「魏里の確定」と「吉武高木遺跡の発掘」が挙げられます。

倭人伝の魏使の行路研究のための重要な魏朝の一里は、前述のように、谷本茂氏の周髀算経の解析により、古田武彦氏が『「邪馬台国」はなかった』で推定した「一里＝七五〜九

○メートル」から七六〜七七メートルと、より幅のない数値に狭まりました。
もう一つの重要な因子は一九八〇年代に始まった吉武高木遺跡の発掘調査の結果です。

吉武高木遺跡は、福岡市西部の早良平野を流れる室見川中流の左岸にあります。一九八四年からの調査で、弥生時代前期末から中期初頭の墓域で、金海式甕棺墓および木棺墓計一一基から、銅剣・銅戈・銅矛などの武器一一本、多鈕細文鏡一面、玉類多数が出土しました。

また、近くの吉武大石地区には、甕棺を主体とした墓地遺跡があり、吉武樋渡地区には弥生中期以降の墳丘墓が存在しています。

吉武高木遺跡の近くからは、長さ一二メートル、幅は九・六メートルの大型建物跡も発見され、集落跡もみつかっています。

古田武彦氏もこの新しい発見を取りいれられ、『「邪馬台国」はなかった』出版から二十二年後の一九九三年に出された『古代史をゆるがす——真実への七つの鍵』(原書房)で、邪馬壹国の在処について、前書での記述の不十分さを補われて詳しく述べられています。

詳しくは同書「第二の鍵　宮殿群跡の発見と邪馬一国」にゆずりますが、骨子をご紹介します。
◇まず「発見前」の状況。

『「邪馬台国」はなかった』を書きあげる前、よく室見川流域をうろついたものだ。「部分と全体の論理」のさし示すところ、邪馬壹国はこの博多湾岸、それも、室見川河口近辺を入口と考えざるを得なかった。なぜなら「部分里程」の書かれている最後の国、それは「不彌国」だ。その不彌国は、ここ室見川河口の姪浜付近と考えざるをえない。

①「一里＝七五メートル強」——短里。

②「伊都国—奴国」——傍線行程。

この立場に立つかぎり、他の理解とてなかった。

とすれば、ここ姪浜付近の南、室見川上・中流域には「何か」なければならぬ。「何か」とは何か。「ここが女王の都だ」と魏の使いに感じさせるものがあったからだ。

しかし、何もなかった。だが論理の導くところに従い、私は書いた。「邪馬壹国は博多湾岸とその周辺である」と。

室見川中流域に、吉武高木遺跡が発見され、さらにその東五〇メートルの地に宮殿群跡が発見されたのは、その数年、数十年後であった。

と書かれています。

◇ついで「発見後」の見解を同書一〇二頁に概略次のように述べられます。

（不彌国の位置は）一里が七六〜七七メートルであるとすれば、姪浜、ちょっと欲張っても室見川の河口あたりになる。

ここで大切なのは「南、邪馬壹国に至る」という記述である。つまり、不弥国の南、室見川の中流ないし上流の方に何かがあった事を示しているわけです。室見川の中上流にはそこが、国の中枢であることを示す宮殿があったとみなければなりません。このような問題にぶつかったのです。

昭和二三年に室見川の下流で発見された、文鎮のようなものに銘文がきざまれていた。これについては『風土記にいた卑弥呼』で述べている。これを「高く日の出るところ　ここで王が永遠の宮殿とそろった宝物を作った。時は後漢の延光四年五月」と解読した。

これは室見川上流から洪水で流されて来たものだろうと推定し、そうすると、中・上流に倭国の宮殿があったことになる。

室見川の上流に「邪馬壹国に関係する何かがあるはず」という論理が、「吉武高木遺跡」のしょう。

発掘で事実となって現れたのです。古田武彦氏の優れた論理考証力を示すといってよいで

奴国《ぬ》は糸島平野にあったのか

それでは、「奴国」はどこにあったのでしょうか、古田武彦説の「糸島平野の東南部のどこかに」というところをもう少し詳しく調べられないものでしょうか。そのためにも、もう一度倭人伝の行路記事に見える、伊都国・不彌国・奴国・邪馬壹国の関係位置を満足するかどうか、魏使のルートの再検討に戻る必要があります。

基本的には、古田武彦氏は『「邪馬台国」はなかった』での「奴国」の位置、「博多湾沿岸は『邪馬壹国』であり、『奴国』は糸島郡の平野部に存在した可能性が高い」という立場を後年になっても変えられていないのです。果たしてそれで良いのでしょうか。

まず、伊都国の東南百里の地点をチェックしてみることにしましょう。

古田武彦氏が、「伊都国」は「波多江近傍」とされる範囲の、例えば一番東端の周船寺あたりとしても、「東南百里」の「奴国」は国土地理院の二万五千分の一の地形図拡げてみる

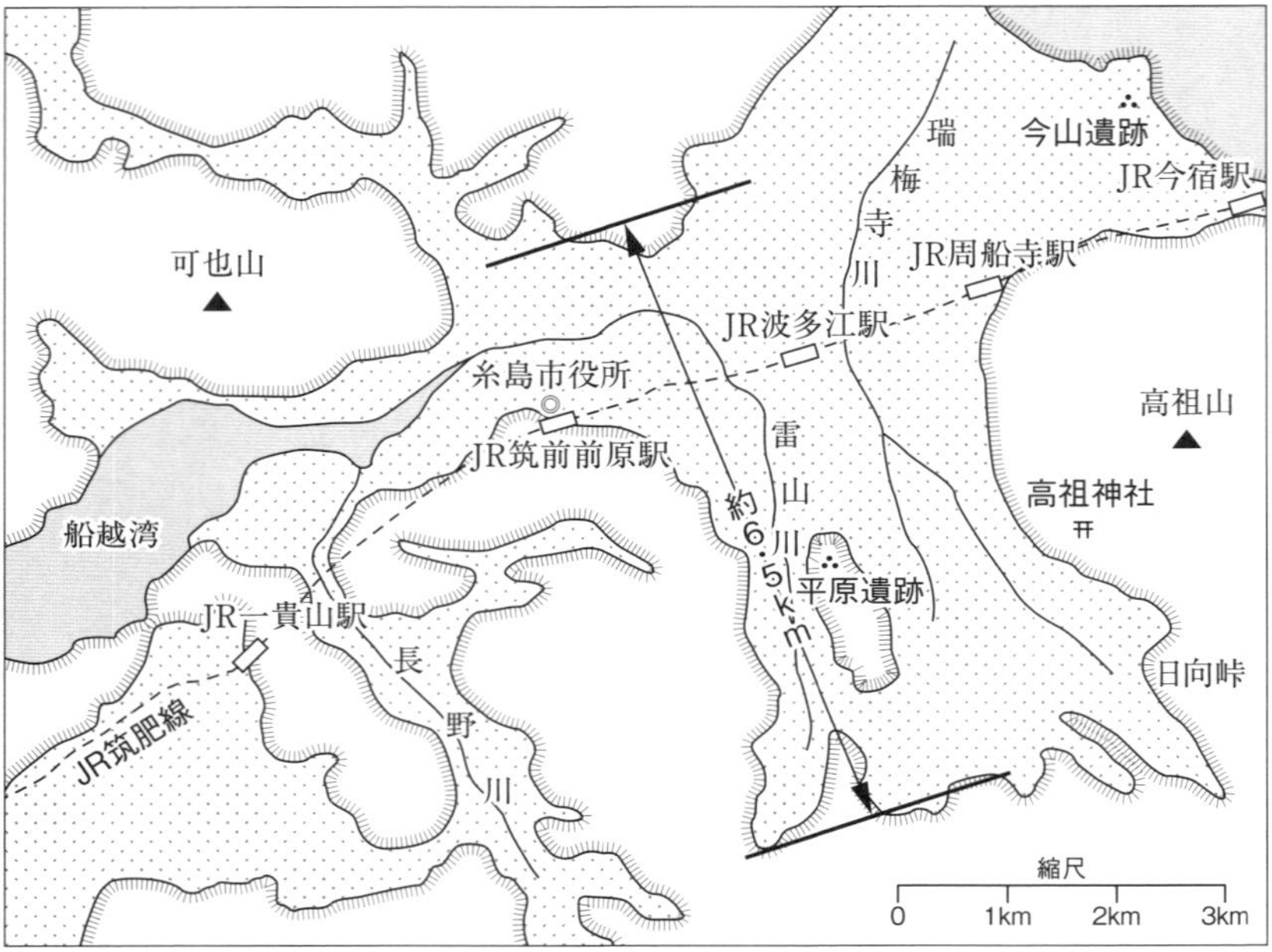

糸島平野の幅の説明図

と、糸島平野に収まらないのです。周船寺から東南六キロメートルで日向峠あたりの山中になるのです。とても「奴国」の国都が存在した、とは言えない遺跡の存在しない地域なのです。

上図に示したように、前原あたりに伊都国を比定して初めて「奴国」は、糸島平野の東南部に距離的には倭人伝の記事を満足出来るのです。国土地理院の地図から糸島の中心部の平野を表してみましたのが上図です。

糸島平野は、その幅の広さはせいぜい七キロメートル（九十里）という狭い平野なのです。その中で伊都国の中心地をどこに設定しても、そこから百里（約八キロメートル）の平野部のどこかに別の国都が存在出来るとは思えません。

また仮に、前原あたりが伊都国としますと、そこから東行百里の不彌国は糸島平野の東端の「今宿」あたりになります。

これからどのような問題が生じるかといいますと、不彌国に接する邪馬壹国は、糸島平野と早良平野の間の高祖山～王丸山と連なる山岳地帯となるのです。

つまり、古田武彦氏の「邪馬壹国」探しは、前原あたりを伊都国に比定すると、古田武彦氏自身が示された、この北部九州五カ国の関係図（一三七頁の図参照）、倭人伝が描く地図に収まらないのです。

そこで、くどいようですが、「奴国」探しのための倭人伝ルートを古田武彦手法でもう一度詳しく見直してみます。

末盧国から伊都国へのルートの再検証

現在、唐津市から糸島市へは海岸沿いにＪＲ筑肥線と国道二〇二号線がほぼ並行して走っています。

しかし、今の国道二〇二号を唐津方面から糸島に向かって通ってみても、虹の松原が終

糸島海岸の状況。ＪＲ筑肥線姉子トンネル付近

わるあたりから糸島の平野部に至る区間には、古代にはとても人が通れたようには思えないような崖路が何箇所もあります。そこは、現在では崖は削られて立派な道路が通っていて、車でスイスイと通れますので、古代の旅行者の苦難は想像することが難しいくらいです。

まず西唐津駅付近にあったと思われる、末盧国国都をスタートして伊都国に向かいます。

伊都国は旧怡土郡であった可能性が高いのですが、糸島平野のどこか、ということでスタートさせてよいと思われます。

先ず、そのルートには松浦川始め多数の河川横断をしなければならないのです。

古代社会の発展が河川に依っていた、ということは万人の認めるところです。同一河川の両岸への連絡手段は講じられていた、（例えば江戸時代の大井川の輿による渡し、とか）と仮定しても非現実的ではないでしょう。

次に、このルートには現在は国道及び鉄道が海岸沿いに通っていますが、写真に見られるように、叶岳の裾野が海面に急落していて、古代では通路確保は難しかった、と思われる箇所が十箇所近くあります。

古代では、その海岸沿いの通路があったとしても、玉島川河口あたりから、丘陵部を登り、脊振山系の最西端の浮嶽の裾野を通る通路（現在でも町道がつづいている）を選んだ、と思います。

恐らく当時は倭人伝の末盧国の描写にある、「濱山海居草木茂盛行不見前人　山海に浜《そ》うて居る。草木茂盛し行くに前人を見ず」（訓読は古田武彦『倭人伝を徹底して読む』より）という状態の山路を通り、福吉海岸当りの平野部の入り口に下り立つ、というルートの方が、浜辺を通ったとするより、可能性が高いと思います。

虹の松原沿いに平坦な土地を過ぎ、玉島川を越したあたりから浮嶽の裾野の丘陵部に上がり、糸島平野の入り口、福吉あたりで山を降りるルートをとったとするのが倭人伝の記述にも合致します。

想定される魏使のルートは図のように、虹の松原～浜崎～山岳部～福吉～前原～周船寺～今宿～海岸部を通り姪浜のコースを取ったと推定されます。

どのようにコースを取ったかにより、「東南陸行五百里」の距離に差異が出てきます。し

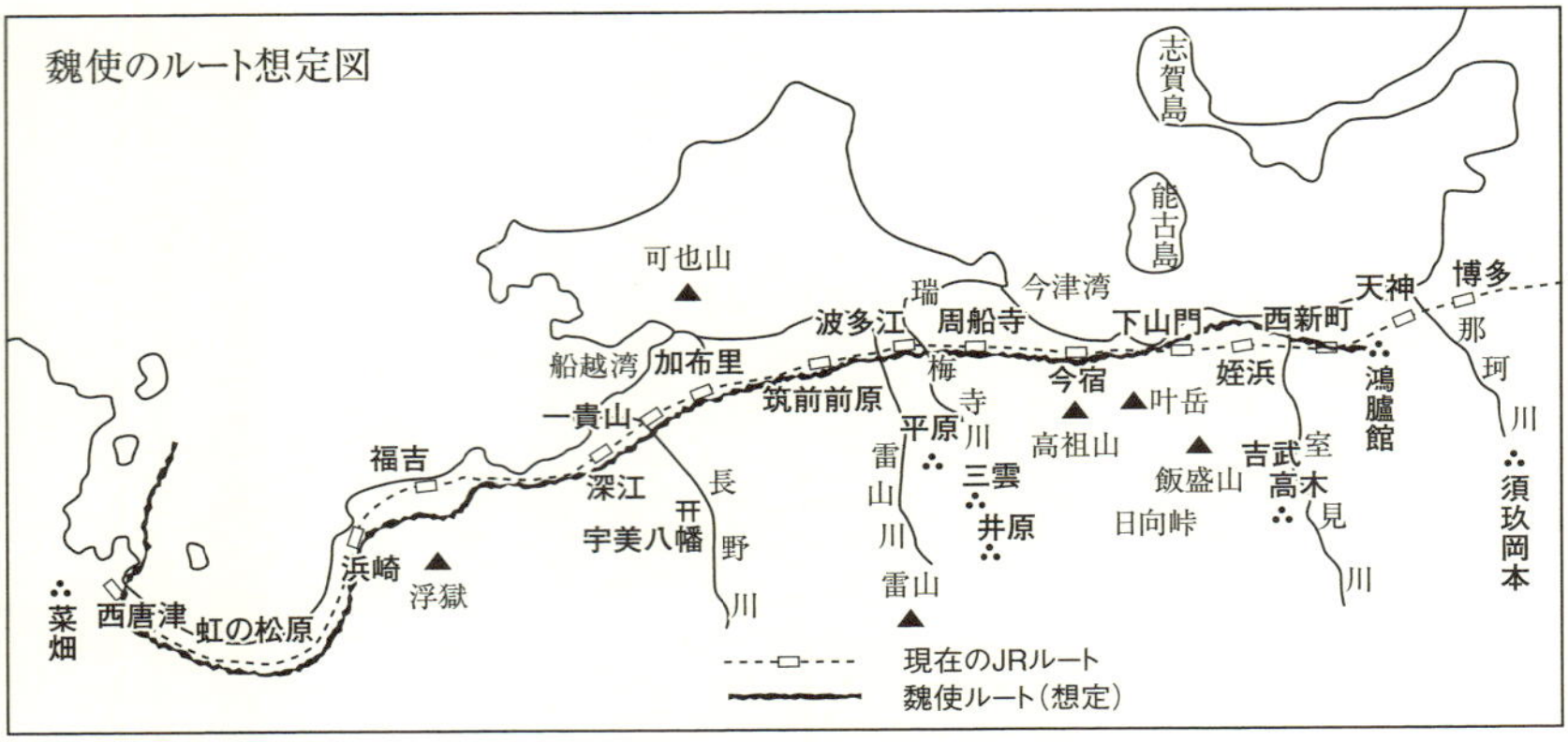

魏使の行路想定図

かし、図で見られるように、二割も三割も違うような大きな差はないと思ってよいと思われます。

距離五百里で伊都国に着く、と倭人伝には書いてあります。一里は、『周髀算経』から得られた値は七六〜七七メートルです。一里を七六・五として計算を一応進めることにします。

距離の目安として、JR筑肥線及び地下鉄線の鉄道距離程表を参考にしますと、

(a) 西唐津駅前〜福吉駅前まで一八・七キロメートル

二四四里

(b) 西唐津駅前〜前原駅間　三二・一キロメートル　四二〇里

(c) 西唐津駅前〜波多江駅間　三四・七キロメートル

四五四里

(d) 西唐津駅前〜周船寺駅間　三六・七キロメートル

四八〇里

（e）西唐津駅前～今宿駅間　三九・六キロメートル　五一八里
（f）西唐津駅前～姪浜駅間　四四・八キロメートル　五八六里
（g）西唐津駅前～室見駅間　四六・三キロメートル　六〇五里
（h）西唐津駅前～西新町駅間　四八・二キロメートル　六三〇里

なぜ、福吉駅で区切ったかというのは、魏使が海岸沿いでなく丘陵地を通ったのであれば、当然通路は屈曲しているでしょうし、その屈曲部がどれくらいなのか、また、河川横断で渡し場が若干上流にあることなどでかなりロスが見込まなければならないでしょう。その後は、糸島の平野部に入りますから、通路も一応整備されていたとしてよいでしょう。

仮に、福吉までのルートが、二割程直線距離に対してロスがあるとすれば、距離の伸びは約五〇里となります。つまり、右の鉄道粁程から得られた値に、五〇里程度を加えて幅のある区域が伊都国の候補となりうることになります。

この結果からいえることは、伊都国は、前原以東今宿以西の範囲であった、つまり、糸島平野内であれば距離的なことから見た場合どこでも『魏志』倭人伝の記載記事に適合する、ということです。せっかく、鉄道キロ程表などでこまめに検討してみたものの、結果はかなり大幅な比定地の候補地域しか想定出来ないということになりました。しかし、幅があるにせよ大筋では押さえることが出来たのです。

ということは、伊都国の位置は末盧国から五百里という距離からだけでは決定し得ず、次の魏使の目的地、不彌国とその不彌国と邪馬壹国との方角・距離の関係、それに遺跡遺物の出土状況などから、決定されなければならない、ということになります。

まず、問題の「奴国」との位置関係はどうでしょうか。

古田武彦説の「伊都国」と「奴国」の位置関係を見てみましょう。伊都国から百里(約八キロメートル)の、東南でなく南としても、そこには平原遺跡や三雲遺跡がありますが、遠い方の三雲遺跡でも、周船寺から約三キロメートル(四〇里)の近い距離にあります。直線でなく曲がりくねった「周旋」した距離としても平野の中ですから、二倍以上の八キロメートル近くまでは距離は延ばせないでしょう。これらの遺跡は「墓域」であり「居住遺跡」ではない、という問題はありますが、日向峠方角の丘陵地に、「奴国」の国都的な居住遺跡の痕跡は見いだせていないのです。

しかも、この「伊都国」の地点、波多江近傍の地点では、『「邪馬台国」はなかった』に

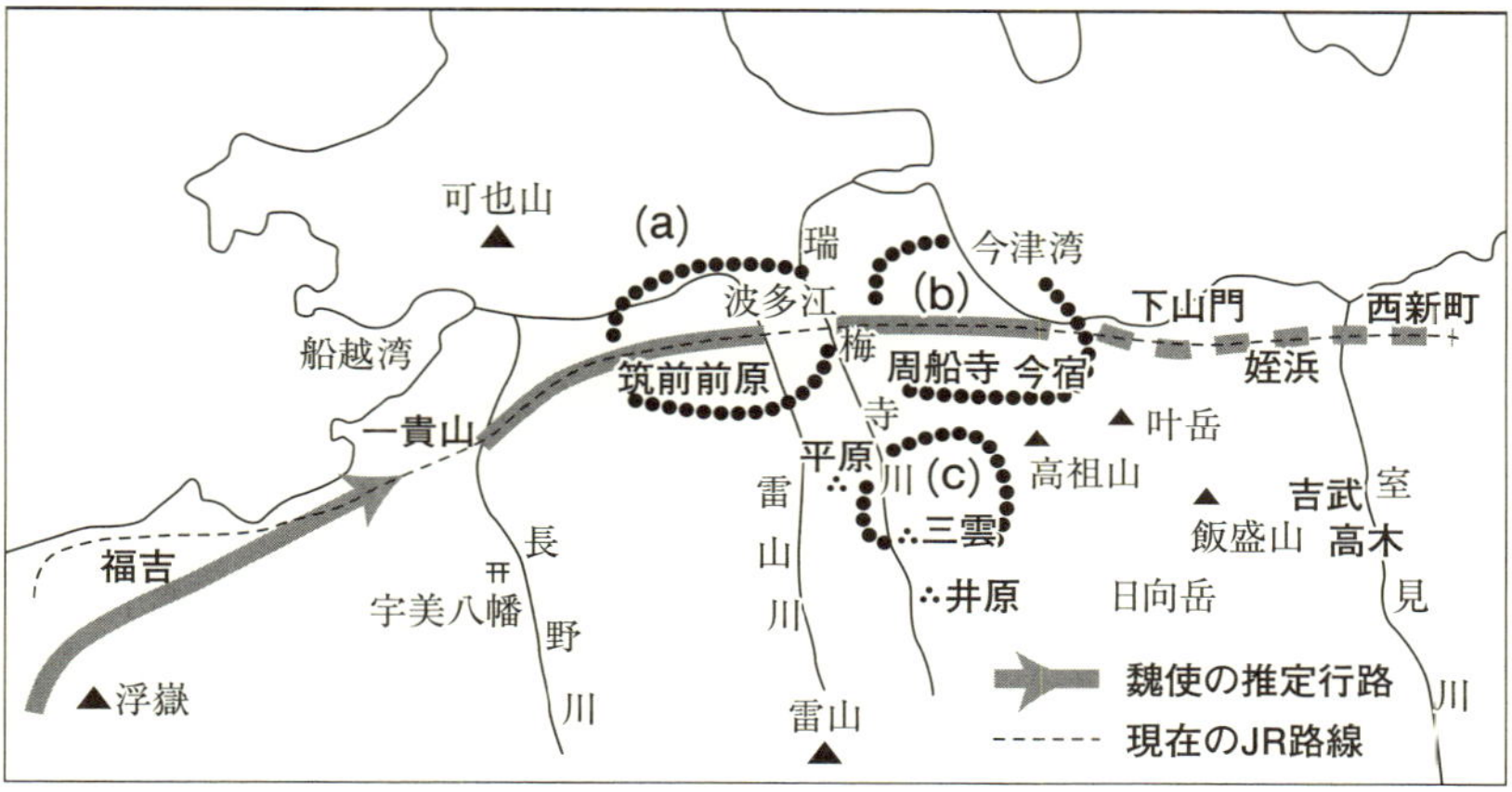

伊都国の比定地の三つのケース

古田武彦氏が比定地として掲げられた前掲の表の問題点、「波多江近傍を伊都国としたら、そこから東行百里では姪浜には届かない」、という問題が存在するのです。

そこで、伊都国の比定地として次の三地域を仮定して、その当否を検討することにします。

（a）「波多江近傍」（古田説）、

（b）距離的に五百里をスムースに来れたとした場合の伊都国比定地「今宿近傍」、

（c）もし、魏使が糸島の平野部を通らず、脊振～雷山山系の麓道（現在の県道四三号）を通って来た場合「高祖神社近傍」。

これを地図で示しますと上のようになります。

これらの伊都国比定地に至った場合を仮定して、それらの地点が伊都国の中心部として適合するのか、特徴点というか矛盾点について検討した結果をまとめてみます。

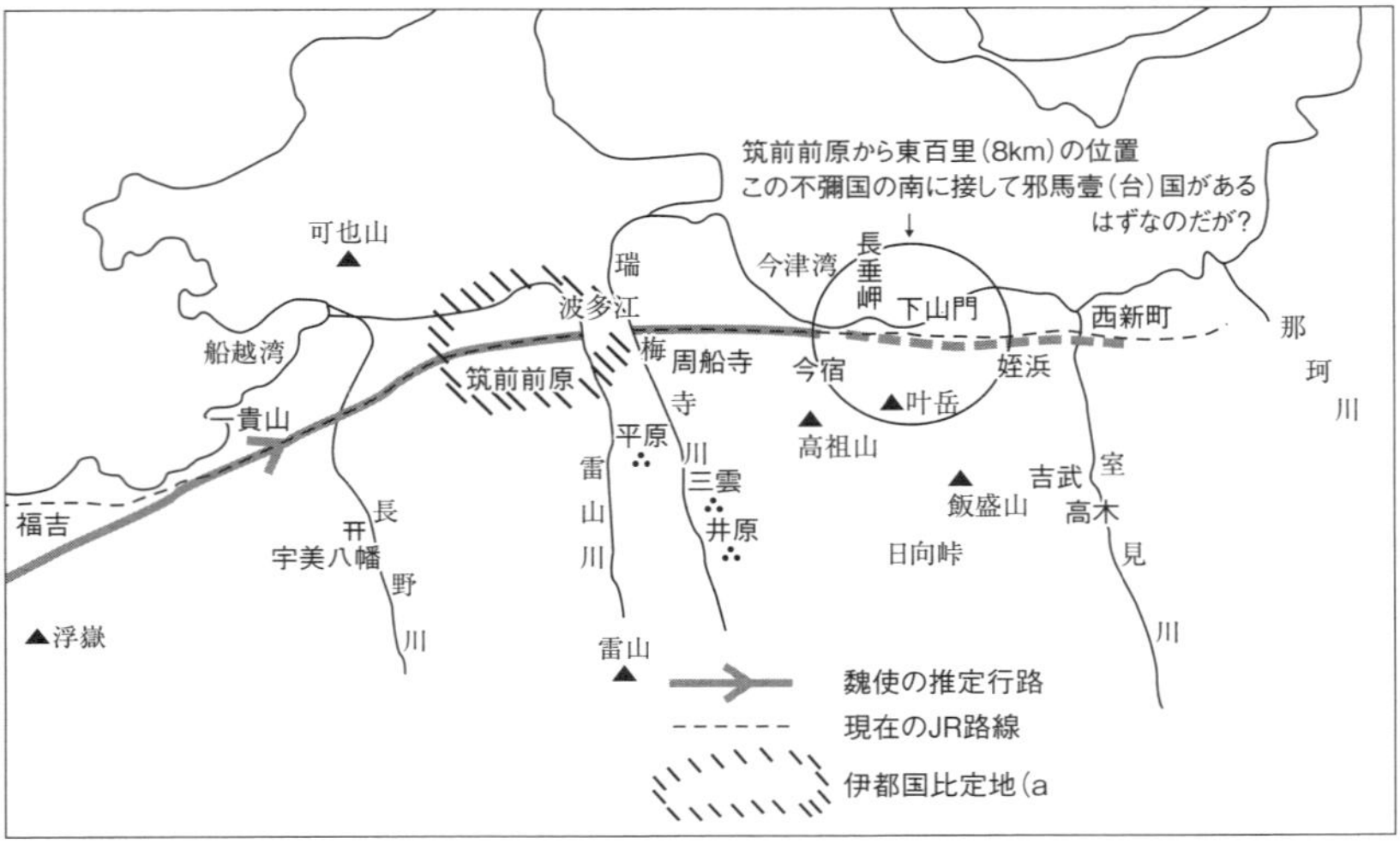

ケース（a）波多江付近を伊都国都と比定した場合

（a）波多江近傍を伊都国としたら

奴国は伊都国の東南百里にある、と倭人伝に記載されています。伊都国を「波多江近傍」東百里の地域関係を地図上で表してみます。

上の図に見られるように、次の目的地「不彌国」が長垂岬《ながたれみさき》から生《いき》の松原《まつばら》あたりになります。

不彌国が姪浜《めいのはま》より西に比定されますと、その南は叶岳・高祖山・飯盛山山系の山岳地帯であり、「不彌国の南に接して邪馬壹国がある」という倭人伝の記事に合わなくなるのです。

先ほどいいましたが、「奴国」という倭人国三番目の大国の国都の位置は、伊都国が前原あたりでしたら糸島平野に地理的に辛うじて収まる位置ではあります。

古田武彦氏は、「倭人伝」の伊都国の記述、港があり一大率が常駐し、交易や外交文書の伝送を管理しているなど書かれていることからして、「伊都国」は糸島の海岸部で「奴国」は平野部とされます。糸島の港といえば、西の「船越湾」と東の「今津湾」です。

前者の場合、一貴山遺跡にも近く、長野川流域の中心地でもあり、候補地としての資格はあるように思えます。前原は船越湾に近く、その条件は満たしています。

しかし、西唐津からの距離は、三〇キロメートル足らず（四百里弱）であり、「伊都国」の末盧から五百里の位置に、例え山地部の行路をとり周旋したとしても、倭人伝の里数と合致しないという弱点はあります。末盧国からの陸路が屈曲していたとすれば距離的にはなんとか収まります。

しかし、前原から東百里の不彌国の南に接して邪馬壹国がある筈なのですが、前掲の図のように、そこは叶岳～飯盛山の山岳地帯です。不彌国と南接する邪馬壹国の比定に矛盾が出てくるのです。

（b）伊都国を今宿あたりとした場合は

伊都国を「今宿近傍」としたらどうなのか、東行百里と東南百里の地域を地図に落としてみました。

伊都国より東行百里の不彌国は室見川河口右岸地域で、東南百里（約八キロメートル）

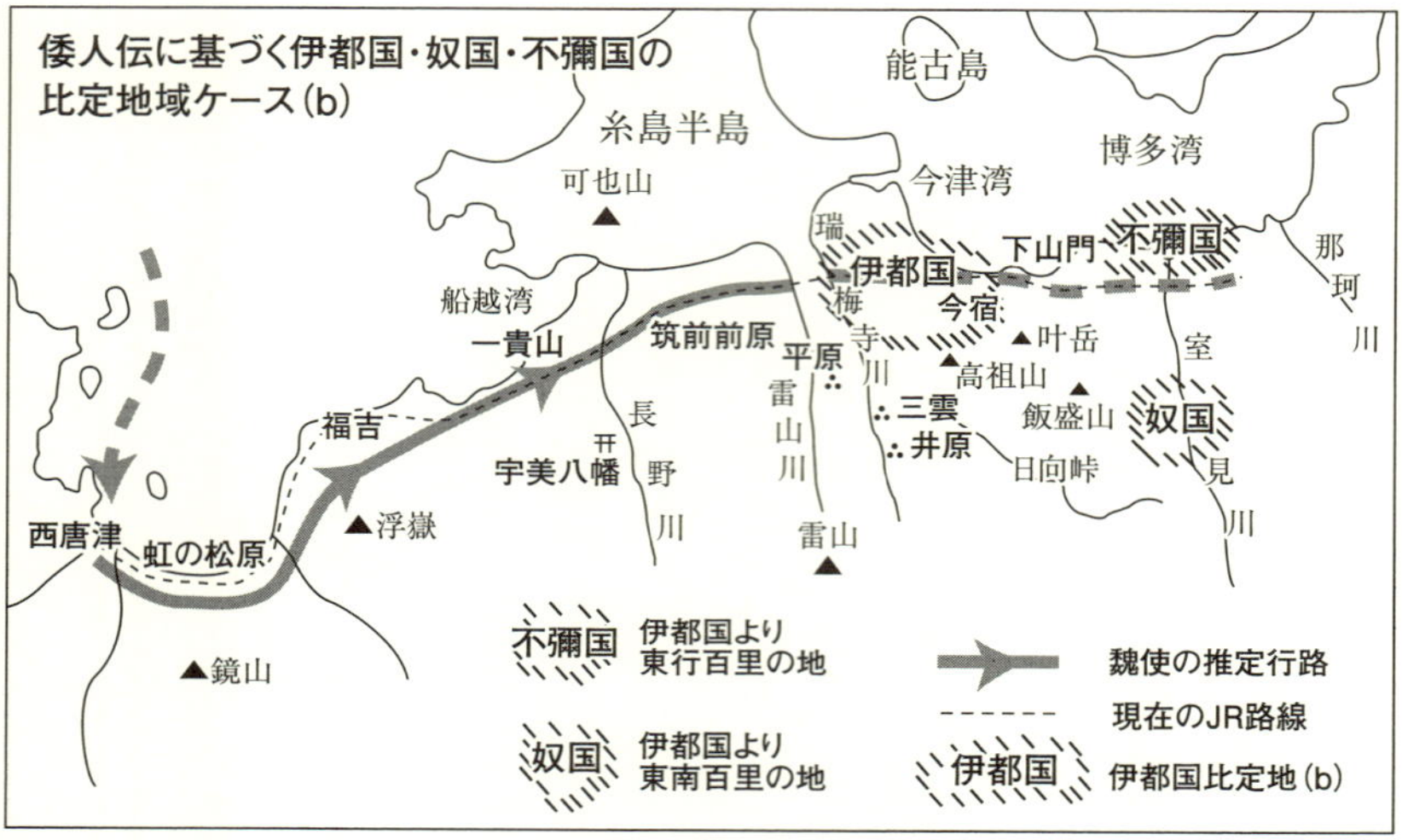

ケース（b）の場合の不彌国と奴国

の「奴国」は室見川中流～上流域となりました。不彌国が室見川下流で「奴国」は南北に流れる室見川の中・上流域となったのです。

倭人伝には、伊都国の東南百里に「奴国」があるということだけで、魏使は行ったようには書かれていませんが、今の地図で室見川流域の道路などを見てみましょう。

古田武彦『「邪馬台国」はなかった』に掲載されている地図は、四十年後の現在の鉄道路線や道路状況とかなり違っているので修正し、「今宿から東南方向の通路」①～②を示してみました。

この地図に示す通路①は、後年の太宰府～唐津間の「筑紫官道」の一部を構成する道路です。

通路②は十郎川沿いに吉武高木遺跡方面に伸びている道路です。古代から存在していたとしておかしくない道路です。どちらも現在も道路として

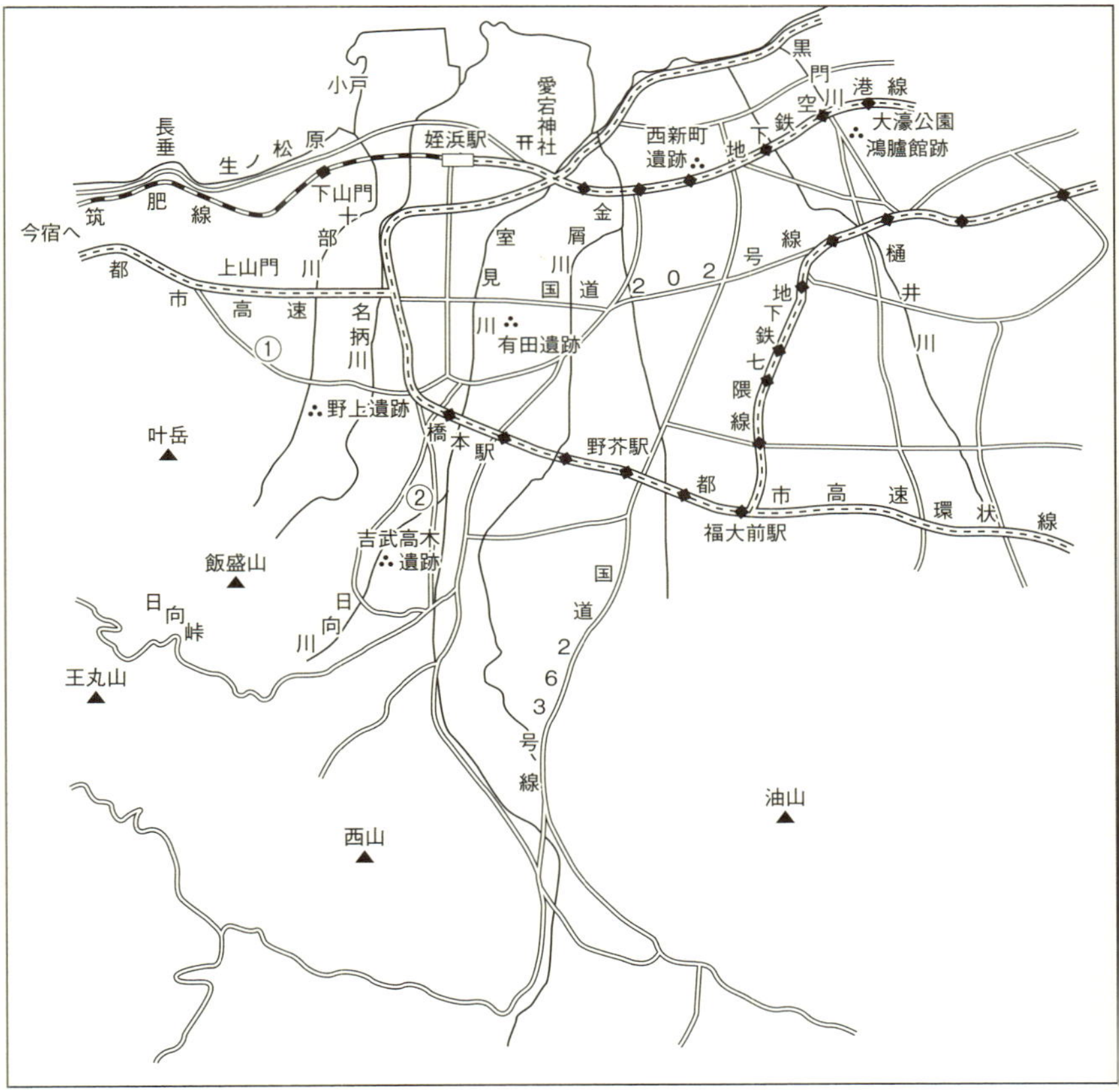

室見川流域の交通路図　今宿から東南方向の通路。①②の道路は現在もあり、地形的にみて古代でも存在していたと思われる

存在しています。

今宿あたりからですと、「直線方向」であれ、「道なり」であれ、伊都国から東南百里の地は、十郎川上流、室見川中流域の羽根戸から都地あたりとなり、吉武高木遺跡の近くに至るのです。

「伊都国から東南百里で「奴国」に至る」と倭人伝に書かれていますが、行かなかっただけで東南方向に「奴国」に向かう通路はあったようです。

念のためにもう一つの伊都国の可能性のある（c）のケースを検討しておきます。

（c）伊都国を高祖神社あたりとしたら

伊都国は海岸部から若干離れた、丘陵部寄りに存在した、と想定した場合はどうなるのかを検討してみました。

末盧国を唐津港付近としてスタートして、海岸沿いに周旋して、糸島平野の雷山寄りの丘陵地沿いに来たとしたら、五百里（約四〇キロメートルあたり）の伊都国の国都の場所は、怡土城跡~高祖神社あたり、となる可能性はあります。倭人伝には「東南百里のところに奴国がある」とだけ書いて、実際に行ったとは書いていませんが、そこからでしたら東南方向に日向峠を越えて、百里の位置は、室見側上流の平野部となり、そこが「奴国」

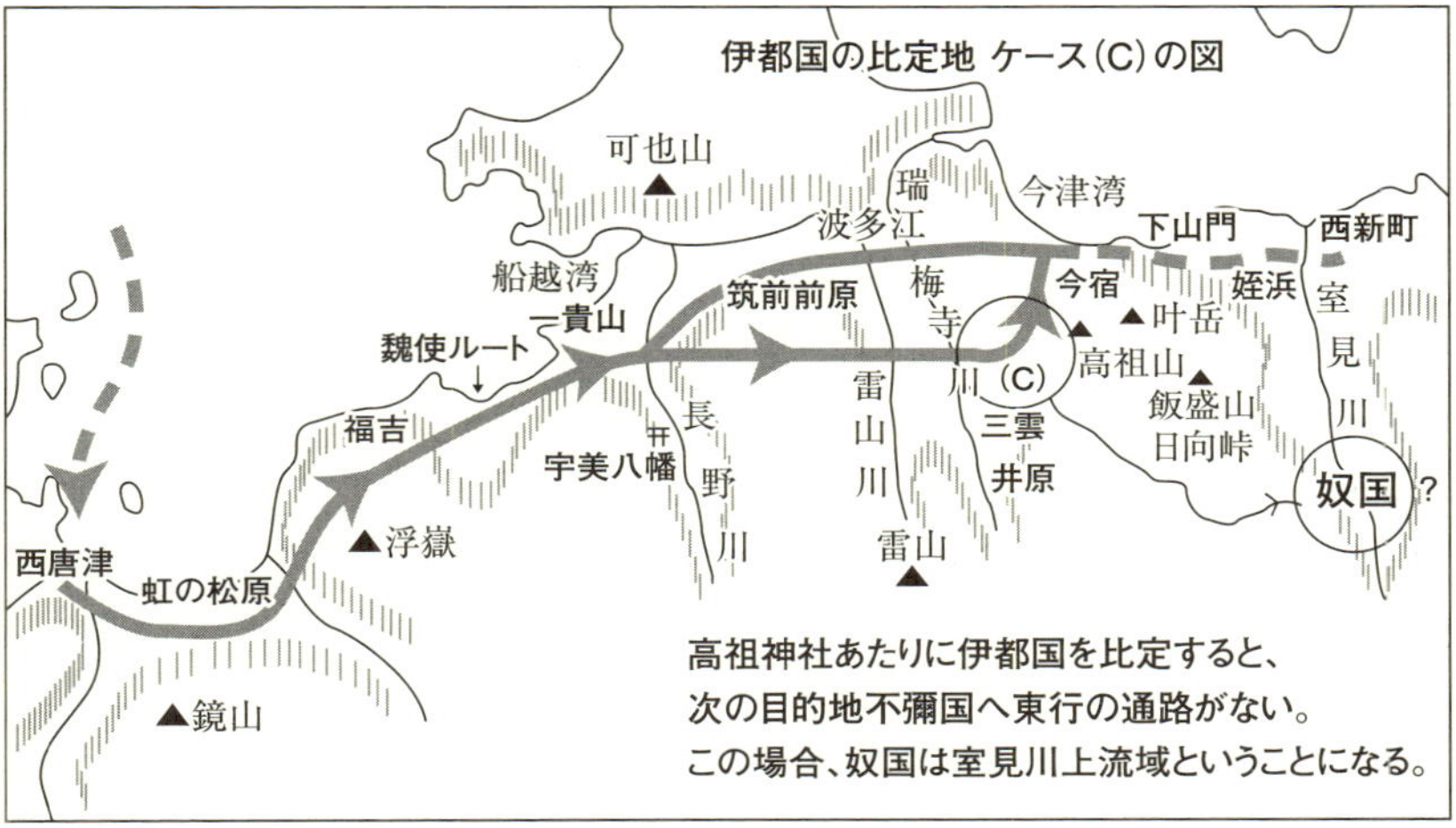

伊都国ケース（c）の場合

である可能性はあります。

しかし、伊都国から魏使の行路は、「東行百里至不彌国」とありますから、高祖神社あたりからの「東行」の通路は叶岳〜飯盛山の山脈にさえぎられて、東方向の行路は存在しません。

これは「東行至」と記されていますから古田武彦氏が論証したように、『魏志』の記述によれば、「東に行って至った」と、実際に行ったことを示しています。実際の通路がなければならないのです。実際に行こうとすると、北行し今宿に至り、東に行路を変えていけば、百里の地点は長垂辺りが不彌国となります。

北行した、といっても三キロメートル（四〇里）位のものですから、特に「北行」を記さなかったのかもしれません。

ですが、たとえ百里を曲がりくねって東方へ「周旋」したとしても、不彌国は長垂付近となり、前述の（a）の場合と同様、そこから「南至邪馬壹国」の「邪馬壹国」を比定するような場所が山岳地帯であり、考えられないのです。従って、この仮定〝伊都国を高祖神社あたりに比定〟は成り立たないことになります。

この伊都国の比定にあたっては、不彌国と「奴国」との関係では、（a）、（b）、（c）の三案のうち、（b）の「今宿近傍」が最も適合しているのですが、それでOKなのか、というにはまだ不足と思われます。

それは、邪馬壹国との関係の説明ができるか、という問題をクリアしなければならないのです。最後の難関です、不彌国のところに「南邪馬壹国」と倭人伝に書かれているのです。従来の読み方では、「邪馬台国は不彌国の遥か南」に追いやっていましたが、古田武彦氏が解明されたように、不彌国に南で接している国なのです。倭人伝に書かれている、倭人国の一番大きな国、戸数でも奴国二万戸に対して七万戸の大国邪馬壹国が不彌国に接して存在しなければならないのです。

つまり今までの検証の結果、不彌国が室見川下流で、その上流に奴国を比定すると、不彌国が南に「奴国」と接していることになります。従って「奴国」の比定地について、不彌国との関係をもう少し慎重に検討する必要があります。

そう言う意味で、単に伊都国、不彌国、奴国の三国間の距離の点からは、伊都国は「今宿近傍」の可能性が高い、ということはわかったのですが、それ以外に伊都国を「今宿近傍」と比定したら、どのような問題があるのか、それともないのか、チェックをしておきます。

今宿近傍を伊都国と比定した場合の問題は

伊都国は今まで述べてきたところによりますと、前原〜今宿間のどこかは未定にしても、糸島平野に存在したことは間違いないといえます。

『魏志』倭人伝には、伊都国には千余戸有りと書いています。末盧国を松浦川の流域としますと、その平野部と比べて糸島の平野部の方が格段に広いのですが、末盧は四千余戸で伊都国の約四倍の戸数があると書かれています。

その比較的小さい伊都国のエリアと思われる糸島の平野部に、三雲・井原・平原などの豪華な出土品がある弥生遺跡群が存在しています。

『魏志』倭人伝に、たかが千余戸の国とあるのに、それらの豪華な遺跡群は似つかわしくない、として、『魏志』には伊都国千余戸とあるが、『魏略』（逸文）には伊都国万余戸とある、『魏志』倭人伝の伊都国千余戸は万余戸の誤写という説に従う古代史家もいます。先出の小田富士雄氏もそのお一人です。

伊都国が糸島平野全体を統轄していた、とすれば確かに倭人伝の戸数記述は不審とされるでしょう。しかし、「糸島」という地名の成り立ちを調べてみますと、怡土郡と志摩郡（のち嶋郡）が合同して糸島郡（現在の糸島市）となったのです。糸島半島の平野部全体を伊都国の領域ととるのは早とちりでしょう。後に述べますが、『翰苑《かんえん》』という古文書に「斯馬国」という記述があり、倭人伝の旁国の一つの「斯馬国」も糸島にあったと思われます。また、末盧国の領域自体も唐津～糸島平野間のどこが国境であったかは、倭人伝の記事からは不明です。

つまり、糸島の平野部を全て「伊都国」の領域としてよいかは疑わしい、と言えます。

・伊都国は糸島平野に存在した。
・倭人伝によると、伊都国は港があり一大率が女王国から派遣されている。
・倭人伝によると、東に百里行けば不彌国に至る。（その南に七万戸の邪馬壹（台）国がある）
・倭人伝によると、東南百里に「奴国」という二万戸の国がある。
・倭人伝によると、東百里に邪馬壹国と南接する不彌国がある。

以上の条件を満たすことができて初めて、伊都国の比定地として満足させられる場所、と見なせるということでしょう。

港の問題としては、船越湾より今津湾の方が伊都国の条件として適合する、ということは前に述べました。古田武彦氏は、糸島の海岸部が伊都国で、平野部は「奴国」の管轄であったであろう、とされます。「奴国」の国都は平野部の東南にあるが、管轄権は平野部のほとんどをカバーしていた、ということはいろいろと問題があると思われます。

魏使はいずれにせよ、この糸島の平野部を横切って伊都国に到着するのです。伊都国千余戸、奴国二万戸という国の大きさからすれば、「奴国」が糸島平野内に存在したと仮定すれば、平野部のほとんどは「奴国」の領域ということになるでしょうから、古田武彦氏の理はおかしくないかもしれません。

しかし、そこを魏使は通過して伊都国に到着するのです。倭人伝によりますと、末盧国や「奴国」にはすでに国王はいず、ジマコやヒヌモリなどの官によって統治されています。国王は廃されても、その国々の領域の境界、いわゆる管轄境界としての国境は存在していたとみるのが理性的な判断ではないでしょうか。

魏使一行が糸島に入れば、否応なしに平野部に入るのです。平野部を奴国が管轄していたとなれば、国境を越えて入るわけです「旁国」ではすまないでしょう。倭人伝に何らかの記述があっても然るべきだろうし、行路から外れた傍線行路とは言えなくなるのではないでしょうか。また、平野部を横切るのですから、この狭い平野内に奴国の国都が存在していれば、その都は遠望できたはずです。

この魏使の訪問の目的の一つに、魏朝の卑弥呼への恩寵がどんなに大きいか、女王国の国々を廻って人民に知らしめることもあったのでしょうから、旅行中に見えている、伊都国の二十倍の戸数を有する大国「奴国」のジマコたちの居所を訪れないという「奴国糸島平野説」には納得できないものがあります。

やはり、糸島半島平野部全体が伊都国の領域であったかどうかは別問題（後述）としても、奴国の国都が糸島平野に存在した、とするのは無理があるでしょう。

戸数問題からみた伊都国

古田武彦氏は、「奴国」が糸島の平野部に存在した理由の一つとして、その戸数問題を挙げられています。

伊都国千余戸、奴国二万余戸、邪馬壹国七万余戸と倭人伝は記しています。先述のように糸島平野を千余戸の伊都国で占めるのはおかしい、糸島の平野部は奴国で海岸部が伊都国であろうと古田武彦氏はいわれます。

魏朝における「戸」は、『魏志』によれば農産物をベースとした徴税単位であるのは間違いないと思われます。戸数と耕地面積とは比例すると仮定するのは間違いではないでしょう。(詳しくはこのあと、『魏志』倭人伝では、不彌国が「戸」ではなく「家」でその国を記述していることについて検討します。)

そこでこの問題を論じる準備作業として、この三国に関係する、糸島の平野部、室見川流域の平野部、御笠川・那珂川・多々良川流域の平野部(福岡平野)を図で示してみて、それらの面積比を求めてみました。(図「糸島・早良・福岡　平野部面積」次頁参照)

その結果は次に示します。メッシュ法によった大雑把なものですが、糸島平野を一として、早良平野〇・七、福岡平野二・六が得られました。(糸島の古地図では、今津・船越の両湾は大きく内陸に入り込んでいたようですが、一応現状を基本に計算しました)

倭人伝の戸数記事によると、「伊都国千余戸」対「奴国二万余戸」対「邪馬壹国七万余戸」の戸数比率は、一対二〇対七〇です。この図から得た「早良川流域(奴国)」対「御笠川・那珂川・多々良川流域(邪馬壹国)」比は二対七・四で、倭人伝の二対七にほぼ合っています。

しかし、糸島平野対早良平野は、一対〇・七で、糸島平野＝伊都国としますと、倭人伝の一対二〇とは全く異なるのです。

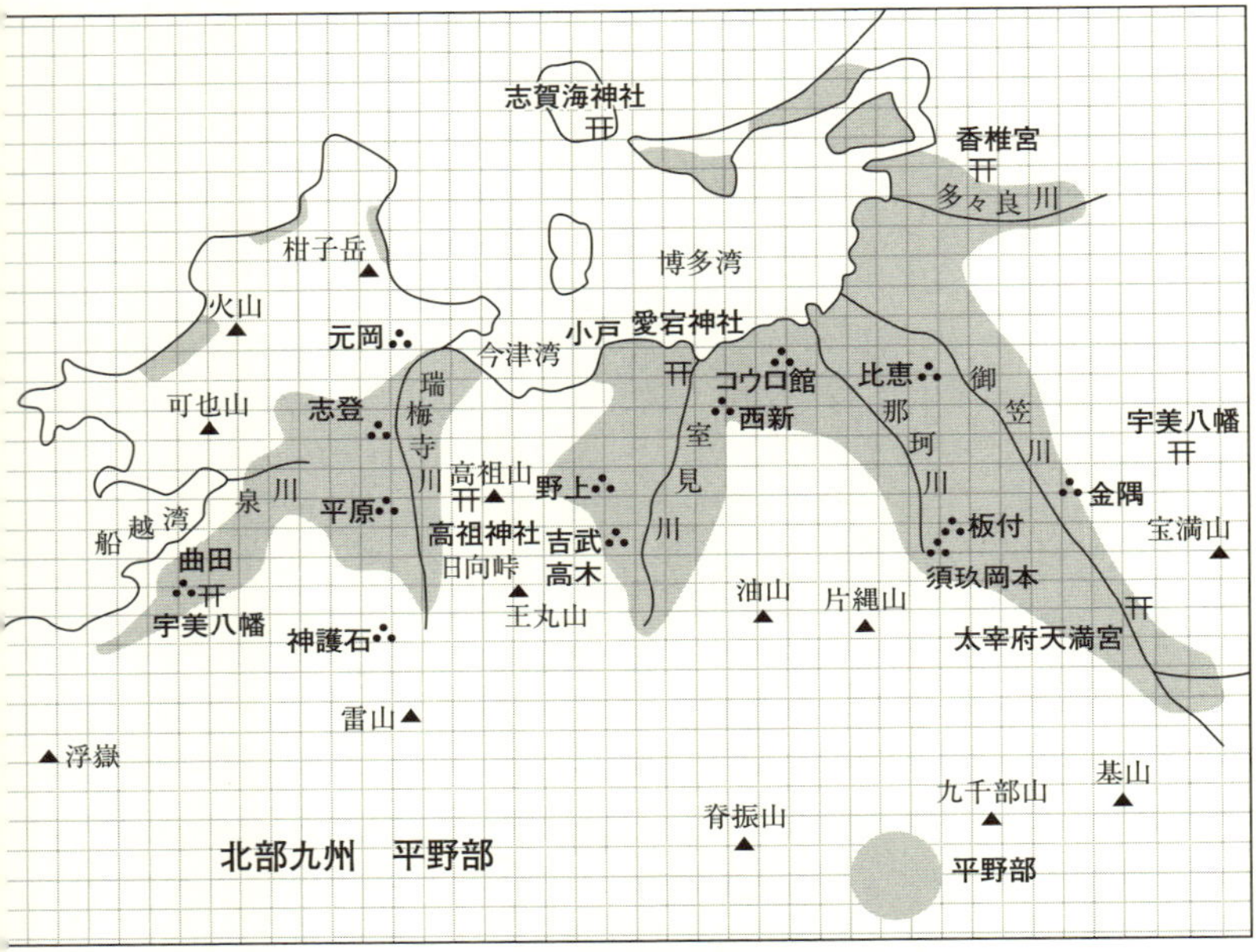

糸島・早良・福岡平野部面積

それを考えますと、「伊都国」が糸島平野の全体を占めていたとするのは、倭人伝の戸数記事からみておかしい、とされる古田武彦氏の指摘は正しい、と思います。

ですが、古田武彦氏は、伊都国一に対して奴国は二十だから、糸島の平野部は奴国の領域である確率が高い、とも言われますが、果たしてそうでしょうか注意しなければならないことがあります。

斯馬

前に述べましたように、倭人伝に記載されている二十一カ国の旁国の最初にでてくる「斯馬国」という国があります。唐の張《ちょう》楚《そ》金《きん》という人が書いた、『翰苑』という太宰府の西高辻家に

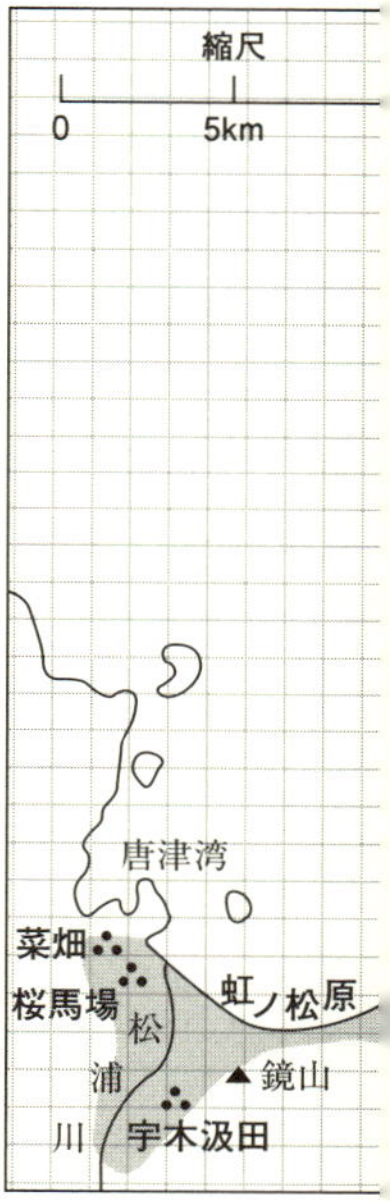

伝わる古文書に、「邪届伊都傍連斯馬（邪めに伊都に届き傍ら斯馬に連なる）」（読み下し文は古田武彦『邪馬一国の道標』「第四章『翰苑』をめぐって」による）と邪馬壹国の所在についての記事があります。伊都国と斯馬国が近くにあることをうかがわせる記事なのです。

この「糸島」の地域は、先に述べましたように、旧怡土《いと》郡と旧志麻《しま》郡（のち嶋郡）から成り立っているのです。糸島の平野部を伊都国だけ、あるいは、伊都国と奴国の両国のみで領有していた、と断言はできないのではないでしょうか。「斯馬国」は『魏志』倭人伝には「旁国」の一つとして上げられていますが、糸島半島に存在していたかどうかは不明です。しかし、無視することはどうでしょうか。また、前述しましたように末盧国と伊都国の領域の境界についても倭人伝は何も伝えていないのです。

また、倭人伝には伊都国の特徴として、一大率の常駐が挙げられています。この「一大率に対する俸禄としての戸数」も糸島平野に存在する可能性もありましょう。

しかし、奴国が糸島の平野部を占めていた、という古田仮説は、先程の面積比から、糸島（奴国）一に対して「早良＋福岡（邪馬壱国）計三・三」（比率的には二対六・六）となり、倭人伝の記事、奴国二万、邪馬壱国七万、と合わないとはいえない、ということにはなります。

ただし、糸島平野との比較は、弥生時代には今津湾は大きく志登遺跡あたりまで、船越湾も内陸に入り込んでいて、現在の平野部分は耕地に適応しない状況であったようです。

修正したら、先程の糸島平野の面積は、一五％ほど大きめに出ているようです。それを修正した比率でも、（糸島）二に対して、「早良＋福岡」（邪馬壹国）は七・七で、倭人伝が言う二万対七万に合っています。

ですが、里程問題という主体的なことから外れて、戸数問題を理由に、奴国は糸島の平野部に存在した、とするのは、少なくとも、糸島半島と斯馬国とは関係がない、ということを論証出来ない限り無理があると思います。

古田武彦氏が言われる、〝糸島半島の平野部を、伊都国と奴国で占める〟という仮説は、これらのことからみて脆弱性があるようです。

ちょっと話は逸れますが、この倭人伝の記述、奴国（二万戸）対邪馬壹国（七万戸）の比率と、先程の平野面積の比率が合致するということは、邪馬壹国の範囲は福岡平野一帯であったのではないかということの一つの傍証と言えるのではないでしょうか。筑後川流域は、邪馬壹国の領域ではなく、女王国構成国の一国乃至数カ国の「旁国」であった可能性が高いことを示していると思われますが、今後の研究課題です。

今宿あたりの考古学的遺物などは

では、伊都国を「今宿近傍」と比定した場合、考古学的遺物・遺跡などとの関係はどうなのか、ということを検討する必要があるでしょう。

従来、三雲・井原・平原等の糸島平野中央部の墓域遺跡に目を奪われて、今宿周辺の居住遺跡について、いわゆる邪馬台国研究家はあまり注意を払われていないようです。しかし、今宿付近には、たくさんの弥生遺跡が存在しているのです。

今宿の近くには、縄文時代から弥生時代にいたる石器の供給地今山遺跡があります。今山からの石器供給先は北部九州全域に渡っていることはよく知られています。

今宿周辺の弥生時代の居住遺跡としては、今宿五郎江・大塚遺跡が挙げられます。遺跡は東西二五〇メートル、南北三〇〇メートルに及ぶ弥生後期の環濠遺跡です。発掘調査は吉武高木遺跡とほぼ同じ時期に行われ、そちらの出土品の豪華なことから、この今宿五郎江遺跡の発掘はそれ程世間の耳目を引かなかったようです。古田武彦氏の数多い著書のなかにもこの遺跡に言及されているところを見つけることが出来ませんでした。

写真に見られるように、今宿小学校校門のところに掲示板に、この遺跡の概略が説明されています。

今宿五郎江遺跡

文化財の発掘調査　一九八四年八月～九月

体育館横に校舎を増築することになり、工事の前に発掘調査を行ったところ、弥生時代の溝や井戸が確認されました。溝の中からは、西暦二世紀ころの土器や石器などが数多く出土し、小学校のある台地の上には濠に囲まれた大きな環濠集落が営まれていたことがわかりました。

今宿五郎江遺跡説明看板

また小学校西側の道路で行った発掘調査では、溝、井戸、住居跡のほか高床倉庫などの跡が見つかっています。鍬や収穫した稲を脱穀した杵などの木製用具、祭りや祈りに使かったと思われる小銅鐸などさまざまな遺物が出土し、当時の集落のようすや人々の生活を想像することができます。また魚を捕る網や釣糸のおもりとして使用した石錘などもあることから、海辺の近くの集落だったのでしょう。学校の周辺には、大塚古墳（国指定の前方後円墳）をはじめ、数多くの文化財が分布しています。
文化財を大切にしましょう。
平成十四年三月
福岡市教育委員会

付け加えて言いますと、この地域には今宿古墳群という遺跡があります。その中の、山ノ鼻一号墳（四世紀初め）、若八幡古墳（四世紀後半）、鋤崎古墳（四世紀末）などいずれも前方後円墳です。その他にも丸隈山古墳（五世紀前半）・奥塚古墳（五世紀後半）などもあります。築造年代は福岡市教育委員会の推定によるものですが、前方後円墳の伝播方向、日本列島の西から東かそれとも逆か、という研究材料になるのではないか、と思いますが、考古学者の興味を引かないのはなぜでしょうか？

これらの遺跡の存在によって、「伊都国」は今宿近辺にあったとする里程記事からの比定は支持されてもよい、と思います。

続いて、伊都国から東行百里で至る「いわゆる邪馬台国探し」の最後のポイント「不彌国」の位置と、「奴国」と邪馬壹（台）国の関係はどうなるのか、について検討します。

不彌国について

伊都国から東行百里の地点にあるとされる不彌国の位置は、伊都国を「今宿近傍」とすると、現在の地理的状況では室見川と金屑川の合流地点、地下鉄室見駅あたりになります。現在の「小童神社（祭神・大綿津見神）」あたりが距離としては適合します。

西唐津付近の末盧国から五百里で伊都国に着き、そこから百里で不彌国に至る、計六百里ということになるのですが、若干のアロワンスは考えなければならないでしょう。

なぜなら、「国に至る」ということはそこの国都といえるような処に着いた、ということでしょうし、そこから出発したのか、それとも、国都の外れから出発点として距離を記しているのか、必ずしも明確ではないと思われます。

末盧国から伊都国への五百里の距離にも、若干のアロワンスを考えなければならない、ということから、伊都国の所在地は、距離の面からだけ見れば、今まで見てきましたように、前原以東であれば適合するという結果でした。

今、伊都国の位置は今宿近傍という可能性が高くなりましたので、不彌国はそれから東百里の位置となります。海沿いに東に行ったとすると、途中一ヶ所、長垂岬という崖が海に突き出ている箇所がありますが、そこを越せば生松原海岸沿いに姪浜から室見川河口付近に至ります。

末盧国から伊都国へのルートの検討のところで、JR筑肥線の粁程表を上げていますが、そこの表から「今宿～姪浜」間は五・二粁（六八里）、「今宿～室見」間は六・七粁（八八里）、「今宿～西新」間は八・六粁（一一二里）を得ることができます。

この数字からだけですと、不彌国の距離的な条件からの比定地は、地下鉄路線でいいますと、「室見駅～西新駅間」、藤崎駅近くの西新遺跡あたりになります。

このあたりにはたくさんの神社があります。愛宕神社、小戸神社、紅葉神社などなど。このあたりの丘陵地は弥生期にも存在していたでしょうし、西新町の居住遺跡や藤崎の古墳遺跡なども存在します。このあたりが不彌国の国都であった可能性が高いと思われます。

しかし、距離からだけの不彌国の位置の比定でよいのか、慌てずにもう少し不彌国の事について調べてみました。

この邪馬壹国の玄関口、不彌国はどんな国なのか、『魏志』倭人伝の記事はわずかです。

左記の短い文章です。

（伊都国より）東行至不彌国百里
官曰多模副曰卑奴母離
有千餘家
南至投馬国水行二十日
官曰彌彌副曰彌彌那利
可五萬餘戸
南至邪馬壹国女王之所都（改行は著者）

とあります。

現代語では、「（伊都国より）東に行き百里で不彌国に至る。長官はタモといい副官はヒヌモリという。千余家有る。そこから船で、二十日で投馬国に着く。長官はミミ、副官はミミナリという。五万余戸あるという。（不彌国の）南、女王の都邪馬壹国に至る」ということです。

これだけの短い記事ですが、不彌国の特徴はいくつか上げられます。

◇末盧国や伊都国と異なり、人口の目安となる「戸」ではなく「家」で表現されていること。

◇そこから船で投馬国へ行く航路があること。つまり、遠距離航海をする船舶の母港があり、港湾国家であること。

◇一大国（壱岐）には三千許家と倭人伝にあり、千余家の不彌国は壱岐の三分の一程度の規模の国であること。

◇南に邪馬壹国と接していること。

◇副官をヒヌモリというのは一大国（壱岐）と同じであること。

◇官名に彌彌那利とあり、「ミ」には「彌」、「ナ」には「那」が表音漢字として使われていること。

ところで不彌国は何と読むのでしょうか。

不は「フ」、彌は「ビ」および「ミ」です。（『字源』による）略字の「弥」は「ヤ」という訓になるようです。しかし不彌国とあり不弥国とはありませんから、不彌国は「フミ」または「フビ」国です。しかし、官の名「彌彌」「彌彌那利」が、『記・紀』などの日本の史書に出てくる「天忍穂耳命」・「神沼河耳命」・「当芸志美美命」などの人名に「ミミ」があることから、この「不彌国」の「彌」は「ミ」とされ、「不彌国」は「フミ」国と読まれています。

ところが、フミ→ウミという語感からか、博多湾東部に注ぐ多々良川上流の福岡県宇美町に不彌国を比定するのが通説となっています。

「邪馬壹国」は「ヤマ壹国」の「山」、「奴国」は「ヌ（ノ）」国の「野」、「不彌国」は「ウミ国」の「海」という単純な名付けではないか、と古田武彦氏は指摘します。

しかし、宇美町は単に「フミ」に語感が似ているだけで、港町とも言えないし、なぜ、この宇美町あたりが倭人伝で「千余家」とあって、他の国々の「千余戸」の表現となぜ違っているのか、という問題も解決出来ません。

もう一つ検討しておかなければならないことがあります。不彌国をそのまま「フミ」国となぜ読めないのか、ということです。この不彌国は『魏志』倭人伝だけに出ているのではありません。『魏志』東夷伝馬韓の条にも、たくさんの国名が羅列されていますが、その中に不彌国があるのです。

この馬韓国の場合も、同じ『魏志』東夷伝に記述されているのですから、同じ読みのはずです。「フミまたはフビ」国と読まれたことでしょう。

わが国の場合、近くに「宇美」という語感が似た地名があるので、「ウミ国」になった、いわば、地名に合わせて原文の読みを変更した、とも言えるでしょう。

もし、馬韓国の不彌国も「ウミ国」と読む、という証明が出来て初めて「倭人伝」の不彌国も「ウミ国」と理解しても文句は出ないと思います。

そうでなければ、不彌国＝宇美説は、宇美町の方には申し訳ありませんが、ひとりよがりの説です。

九州の在野の古代史研究家で、『百済の王統と日本の古代』（不知火書房、二〇〇九年）ほか、いくつかの著書もある兼川晋氏は、「彌は『彌彌那利』から『ミ』であろうが、まさかフミ＝文ではあるまい」と言われます。

『国語大辞典』に、「ふ　干・乾　かわく」とあるように、「ふ」は乾くの意味がある。干（ひ）であり、「ふ←ひ」、「ふみ・不彌」から「ふ」が抜け落ち、「ひ」となり、言葉の調子を整え「ひい」じて「毘井《ひい》」となったのでは、とされます。

その樋井《ひい》川が注ぐ博多湾沿岸を不彌国と比定されます（「九州古代史の会倭国通信」38号）。

韓国語で不はブ、彌はミと読めば水、ビと読めば氷だそうです。どうも「宇美」「海」とは通じないようです。ついでに言えば、「海」の韓国読みは、音読みで「へ」（これは上海語と同じ発言）、訓読みで「パダ」だそうです。「不彌」は韓国語ではどうも「海」に繋がらないようで、不彌＝宇美説には〝馬韓の不彌国と共通の読みである筈〟という点から問題があります。

不彌国は、博多湾に面している国であろう、ということは、今までの「邪馬壹国」への行路検討ではっきりしました。三世紀の『魏志』倭人伝の世界を二世紀遡ると、博多湾周辺には当時の遺物、漢の光武帝から下賜された「志賀島の金印」があります。これは我が国の文字遺物最古のものであり、当時の『後漢書』に描かれる「倭奴国」の人たちは文字を解していた、という証明でもあるのです。

何をわたしが言いたいのか、といいますと、不彌国の人々は、我々は文字の国　フミ（文）の国　と自称した、と推定してもそれほど暴論でないでしょう、ということです。しかし、では馬韓の不彌国もそうか、というのは難しいかなあ、と思い、この「不彌国＝文国」論を押し通すのは、〝「奴国」はどこにあったのか〟という本論に入るのに障害になりましょうから、今後の課題としておき、「不彌国」は「フミ」（意味不明）国ということにして先に進みます。

「戸」と「家」どちらが人口的単位として大きいのか

次の問題は、不彌国の記事には、何故「千余戸」でなくて「千余家」とあるのか、ということです。

それを解くカギは「倭人伝」の「一大国」の記事にあると思います。「一大国」も「三千許家」と記述されています。「倭人伝」に記載されている国で、「家」で表現されているのは、「一大国」と「不彌国」だけで、後は全て「戸」です。（後に述べますが、『魏志』韓伝の表現にも「家」と「戸」の混在があります。）

「對海国」（対馬）は、地理的状況や漁業中心というような記述から、壱岐も対馬とは生活環境に差があるようには思えません。対馬も「千余家」であってもおかしくないのに「千余戸」と単位は「戸」で表されています。

伊都国の千余戸が糸島平野全体を領域としていたとすれば少な過ぎる、というところで、『魏志』では「戸」は農産物による徴税単位である、と書きましたが、その点についても併せて検討してみます。

倭人伝の記事を見てみます。

対馬（對海国）は、

千余戸有り。良田無く、海物を食して自活し、船に乗りて南北に市糴《してき》（物資の交流）す。

壱岐（一大国）は、

三千許《ばか》りの家あり。差《やや》田地有り、田を耕せども猶《なお》食するに足らず、亦、南北に市糴す。

（それぞれの読み下し文は古田武彦『倭人伝を徹底して読む』による）

とあります。

以上の二つの文章から読みとれる両国の違いは、対馬は海産物や交易で自活できるが、壱岐は島内の田畑からの食料では足らないので南北交易で何とかしのいでいる、ということでしょう。つまり、「田畑の産物での徴税ができる国」かどうかで、「戸」と「家」という違った表現になっていると判断できるのではないでしょうか。

『魏志』を読みますと、魏帝が部下の論功行賞に、封建時代の我が国でしたら「〇〇石加増する」というところを、「〇〇戸を授ける」というような記事が出てきます。「戸」は農産物をベースとする徴税単位という意味のようです。

つまり、「不彌国」も「田畑の産物での徴税ができない国」ということになります。そして、「不彌国」の規模は、「一大国」（壱岐）の三分の一ほどの国ということを倭人伝の記事は言っているわけです。

そうすると、常識的にみて、不彌国の領域は、室見川河口部分だけではとても収まらないと思います。しかし、博多湾周辺の漁労・水上交通を主業務としている地域、と考えると収まります。

また、先の志賀島金印に絡んで、「不彌国」＝「文（ふみ）国」という仮説も、志賀島も「不彌国」の領域に入ることになれば、少しは妥当性が高まるのではないでしょうか？

ところで、人口的にはどうなのだ、「戸」＝「家」なのか、という問題も生じます。この問題については古田武彦氏も、『倭人伝を徹底して読む』で、詳しく検討されています。結論的には、次のように述べられています。

単に〝混用〟かと思っていた時もあったが調べてみた結果、「戸」は魏の行政単位ではないか、『蜀志』や『呉志』にはそのような「戸」の表現が無い。

おっしゃられるように、「戸」は、奈良時代の我が国の行政単位が「戸」であったと同じように、行政単位のようです（我が国が中国を見習ったのでしょうが）。

『魏志』では「倭人伝」同様に、「東夷伝」韓伝でも、馬韓は「大国万余家、小国数千家、総十余万戸」というように家と家を合わせて戸というような表現があります。そして、「国の総数は五十余国である」とも書かれています。

この記事を手がかりに、「戸」と「家」の大きさの比較が出来ないものでしょうか。算数の問題に読者諸賢を呼びこんで申し訳ありません。

結論を先にお知らせしますと、どうやら戸の方が家よりも二ないし三倍ほど大きい単位（人口的に）ではないか、ということです。計算過程を述べておきますが、興味のない方は読み飛ばして次項「戸と家のまとめ」に進んでください。

馬韓の十余万戸を五十余国で割り算しますと、一国の平均は約二千戸です。これを見ますと、「戸」の方が「家」よりも大きな単位と思われますが定かではありません。

ところで、韓伝の「辰韓・弁韓」のところでは、「国の総数は二十四カ国、大国は四、五千家、小国は六、七百家、合計四、五万戸。内、辰韓は辰王が十二国を支配している」と「家」と「戸」が混在しています。

この「馬韓・辰韓・弁韓」の記事を使って「戸」と「家」の関係を知ることはできないでしょうか?

「辰韓・弁韓」の場合その記事から、一国平均一七〇〇～二一〇〇戸ということはわかります。また、辰韓はおそらく十二国の内、辰王が支配する国のみが大国と思われますが、弁韓の方の情報はありません。

しかし、韓伝と同じ『魏志』東夷伝のなかの倭人伝でも、一大国と不彌国では「家」単位で、その他は「戸」単位で記されています。「東夷伝」のなかでは、馬韓と倭人国の「戸」と「家」の定義は同じと考えてよいと思います。

馬韓の場合、『魏志』韓伝の記事に述べてあることに加えて、もし、大国と小国の国数比が書いてあれば簡単に連立方程式で解けるのですが、その、大国と小国の国数比がわかりません。

そこで、同じ東夷伝仲間の倭人伝の場合の大小の国数比を援用出来ないか、と考えました。

倭人伝の記述によれば、次のようです。

万戸以上の大国　　邪馬壹国・投馬国・奴国
万戸（家）以下の小国　　對海国・一大国・末盧国・伊都国・不彌国
戸（家）数不明　　狗邪韓国・斯馬国など旁国二十一カ国　　計　三十国

ということです。

仮に、戸数不明の国々を全て万戸未満の小国としますと、大国対小国の比は三対二十七（一対九）です。

先の、辰韓の例では大国対小国は一対十一と考えてもよいように思われます。しかし、弁韓の場合はそう書いてありませんから、大国は少なくとも二国以上あったと思われます。そうすると、両国合わせて、大国三対小国二十一（一対七）となります。

一応、以上の事を勘案して、東夷の国の大国と小国の国数比を一対八と仮定しても大きな間違いはないようです。その前提で、馬韓の場合の「戸」と「家」とのサイズの大きさ比を算出してみます。

馬韓国の五十余国は、「余」つまりプラスアルファーを幾つにとるかという問題もあります。『魏志』で「余里」などに使われる場合の「余」は、有効数字の一桁未満、万余里の場合は、万一千以下、万五百里程度、と解析されている古田武彦説を使わせてもらいますと、五十余国の場合、五十一国ととってもよいということになります。

それに一対八の比率を掛けますと、大国五・六七対小国四五・三三（計五十一国）となり、数字を丸めて、大国六カ国、小国四十五カ国　計五十一カ国とします。

馬韓伝の記事では、大国は万余家で小国は数千家です。数千の「数」とは、『三国志』全体からみると、「数」とは、ほぼ「五」をしめしているという古田武彦説に倣います。

馬韓国の総家数は、六大国×一万五百家／国＋四十五小国×五千家／国としますと、総家数は、大国は六万三千家、小国は二十二万五千家で計二十八万八千家となります。

一国当りの家数は、二十八万八千家／五十一国＝五千六百五十家／国です。

総戸数は十余万戸ですから、これも「余」は有効数字ひと桁未満として、十万五千戸とします。

一国の平均戸数は、十万五千戸／五十一国＝二千六十戸／国です。

そうすると、五千六百五十家／国／二千六十戸／国＝二・七五家／戸。

つまり、「家」と「戸」の比は一対二・七五　となります。

以上の計算には、「余」とか「数」とかかなり幅があると思われますので、この答も大国と小国の比率の仮定次第で変わる値でしょう。しかし、大国対小国の比率を一対七とか一対九に変えても、結果はほとんど変わりません（一・九の場合、家と戸の比は一対二・六九）。

念には念を入れておきましょう。著者と同様の疑い深い人は、倭人伝で戸数や家数が書かれているのは八国に過ぎず、その内、万戸以上は三カ国に過ぎない。比率は三対五ではないか。この一対八の比率で計算した結果を信用出来ない、とおっしゃることでしょう。では大国対小国の比を三対五で試算したらどうなるか。結果は、算数のおさらいをしていただければと思いますが、その「家」と「戸」の比率の値は、一戸＝三・四二家となります。

「戸と家」問題についてのまとめ

◇言えるのは、「戸」の方が「家」より大きい単位であること。
◇その倍率は二・五〜三倍くらいではないか。

この結果を適用すると、三千許家の一大国は戸数に直すと、千数百戸ほどで、千余家の不彌国は五百許戸としてよいでしょう。

つまり、一大国は、一千余戸の伊都国とほぼ同じくらいの規模の国で、不彌国は、それらの半分くらいのミニ国家であったようです。

ところが、古田武彦氏は『倭人伝を徹底して読む』「第七章『戸数問題』」で、戸と家の区別という項で次のようにいわれます。

（鮮卑伝）をみると、「戸」というのは、その国に属して税を取る単位あるいは軍事力を徴収する単位で、国家支配制度の下部単位となっています。ところが下部単位以外のものも含めてでは「戸」とはいえない。つまりそこに倭人だけでなく、韓人がいたり、楽浪人がいたり、と多種族がかなりの分量を占めている場合は、そうした人迄ふくめて「戸」とはいわない。その場合は「家」という。そういう含みがあるから、ここは「戸」を使わずに「家」と使っているのです。「家＝戸プラス戸以外」です。

古田武彦説は人口的には「家の方が戸より大きい」で、当方が得た結果の「戸は家の二〜三倍大きい」とは全く逆の結果となりました。

この結果を、「だからどうなんだ、何かに役立つのか」と言われますと、単に、古田武彦氏も苦労された問題について、違う方向からのアプローチでの仮説を提示できたかな、ということぐらいでしょうか。

まあ、一大国（壱岐）と伊都国とどちらが人口的に大きかったか、という問題に対しては、古田武彦説では「壱岐は伊都国の三倍以上の国」ですが、わたしの仮説では「壱岐は伊都国とほぼ同じ規模」となる、というような見解の相違がでてきますが。

少し話は逸れますが、古田武彦氏は、対馬と壱岐のどちらが天孫降臨の軍隊の発進地か、という問題では、「戸」と「家」を、ほぼ同一単位と見られているようです。
『「邪馬台国」はなかった』朝日文庫版「あとがきに代えて　補章　二十余年の応答　一大率の新局面より」で、天孫降臨の出発点として壱岐とされ、その根拠として次のように述べられます。

壱岐の方であると答えざるを得ない。なぜなら対馬の方は全島「山ばかり」の島であり、人口は少ない。これに対し、壱岐の方は、全島平地が多く人口も多い。（対海国）千余戸有り。（一大国）三千許りの家あり。というごとくである。その上、地理的にも九州本土の北岸部に近いのは、壱岐の方であるから「天孫降臨」の主力は「壱岐の軍団」であった可能性が高い。

天孫降臨の軍団は壱岐から、というのは、北部九州に近いという事から結論としては納得できますが、倭人伝の記事から、壱岐の方が対馬よりも人口が多いというのは納得しがたいところです。その理由は、
（一）対海国は「方四百里」からわかるように、対馬の「南島」（下県郡《しもあがた》）を指しています。従って、対馬全島ではほぼ、二倍の戸数があったと思われること。

（二）対海国は「戸」、一大国では「家」で表記されています。それを同じ人口単位として取扱うのは正しくないと思われること。（前述のように、試算例から「戸」の方が「家」よりも二〜三倍大きいのは間違いないと思われる。）

以上のことから倭人伝の記事からみる限り、人口的には対馬の方が壱岐よりも多いというのは間違いないと思われます。今後、三世紀の東アジア史を構築しようと、人口と関連させて論じる場合は、この「戸」と「家」との人口的な単位の違いがあることを知った上で論じなければならないと思います。

先の、天孫降臨の軍団の問題は、やはり壱岐が主力でしょう。対馬は朝鮮半島との交易で充分生活できていたのでしょうし、壱岐の方が人口と食糧調達の関係が厳しい環境にあったと思われますので、古田武彦説の壱岐が軍団発進の主力であったということは納得出来る結論ではあります。

不彌国と邪馬壹国との位置関係は

少しばかり「戸と家」問題に深入りしてしまいました。結論として、不彌国が地下鉄藤崎駅あたりとしますと、不彌国の南に接している邪馬壹国は西新町の南地域となります

（藤崎駅のすぐ北側が西新町遺跡）。

　そこはどのような地域でしょうか。やや南西方向に室見川の流域（早良平野）、やや南東方向に那珂川・御笠川流域（福岡平野）があります。

　これらの事柄は何を意味するのかといいますと、このように、「今宿近傍」を伊都国と比定しても、邪馬壹国は「博多湾沿岸から南へ広がる地域」ということになり、伊都国の位置はともかく、古田武彦氏が『「邪馬台国」はなかった』で比定した、「邪馬壹国は博多湾岸から南に広がる領域である」という結論は間違っていなかった、ということになります。

第七章　「奴国《ぬ》」はここにあった

「奴国《ぬ》」情報の整理

今までの検討結果から、「奴国」の位置に関する情報を整理します。

①「伊都国」は末盧国の東五百里（三八〜四〇キロメートル）で、「奴国」は伊都国の東南百里（七〜八キロメートル）。

②「伊都国」は現在の周船寺から今宿間（今宿寄り）となる。

③「不彌国」は現在の福岡市早良区室見〜西新町間あたりになる。

④伊都国から東南百里（七〜八キロメートル）の「奴国」の地は室見川の上中流域になる。

結論として、倭人伝の記事からすると、伊都国は「周船寺～今宿」間にあった、という方が、「前原～波多江」間より倭人伝の記述に合うということです。

その理由をまとめてみます。

（A）「伊都国」から東南百里に別の国があるのであれば、伊都国が前原近傍にあったとすれば糸島平野内に比定することは可能である。しかし、そのことは、東百里の不彌国が、今宿から長垂岬あたりになる。これでは不彌国に南に接する「邪馬壹国」を比定する場所が山岳地帯になり不合理である。

（B）「伊都国」が糸島地域の海岸部であり、奴国が糸島地域の平野部とすると、魏使は、「末盧国」から「伊都国」の途次に、当然平野部を通る。魏使は「奴国」の領域を通過する、という論理になる。倭人伝にはそのような些細なことは記載していない、といっても良いかもしれぬが、不条理な解釈と思われる。

（C）「伊都国」を加布里～前原というように仮に五〇～一〇〇里ほど西にあったと仮定すると、そこから東南百里の「奴国」の比定地は、糸島平野の東南部の丘陵地帯となる（高祖神社あたり？）。

この加布里～前原間の「伊都国」比定は、「邪馬壹国」の玄関口が今宿あたりとなり、

「邪馬壹国」を比定する場所が（A）の場合と同様厳しくなる。

（D）「奴国」を室見川中上流域と比定することを、否定する根拠は皆無ではないかと思われる。

（E）邪馬壹国と「奴国」との、戸数比率の検討結果も「奴国」＝早良平野説を否定出来ない。

このような論理の流れで、「奴《ぬ》国」は室見川上中流域にその中心は存在した、ということになりました。

ではこの、「室見川中・上流域」あたりはどのようなところなのでしょうか。前に述べましたように、二十世紀後半に発掘が進められたところです。

一番目立つ遺跡は「吉武高木遺跡」でしょう。その他に、「吉武大石遺跡」「樋渡遺跡」などの吉武地域の遺跡群、また環濠をめぐらした居住遺跡「野上遺跡」、や最古の絹が出土した「有田遺跡」などがあります。

吉武高木遺跡は、銅剣・銅鏡・玉類、のいわゆる三種の神器が副葬されているなど、王墓であることには間違いないでしょうし、大型の建物遺跡も発掘されていて、「奴国」の国都という資格が充分ある地域です。しかし福岡市教育委員会によると、『魏志』倭人伝などの史料に「クニ」の名も記されていない、ということで、根拠もないままに、「早良王国の王墓」とされている現状です。

類縁地名について

この、奴国の比定作業にあたって、類縁地名についての検討はあえて無視して進めてきました。しかし、比定された地域に「奴国」の類縁地名が存在していれば、それは比定作業を補強することになります。

古田武彦氏は、「奴国」は「ヌ（ノ）」＝「野」国であろう、とされ、糸島平野に存在する「長野川」「野北」などを類縁地名として指摘されています。しかし、「長野川」は糸島平野の最西部に流れる川で、とても「伊都国の東南」という位置に適合しません。

ところが、「奴《ぬ》国」＝早良平野としますと、そこには昔は「額田《ぬかた》」と呼ばれ、現在「野《の》方《かた》」という地名（そこには野方遺跡という弥生期の環濠住宅遺跡がある）や、野芥《のけ》・建野《たての》・野河内《のこうち》・内野・野田など、室見川流域は「野」の地名のオンパレードです。少し西に離れた所にも、野間・野多目などの地名が残っています。少なくとも、糸島平野よりも「野」がらみの地名が密集している早良平野といえましょう。

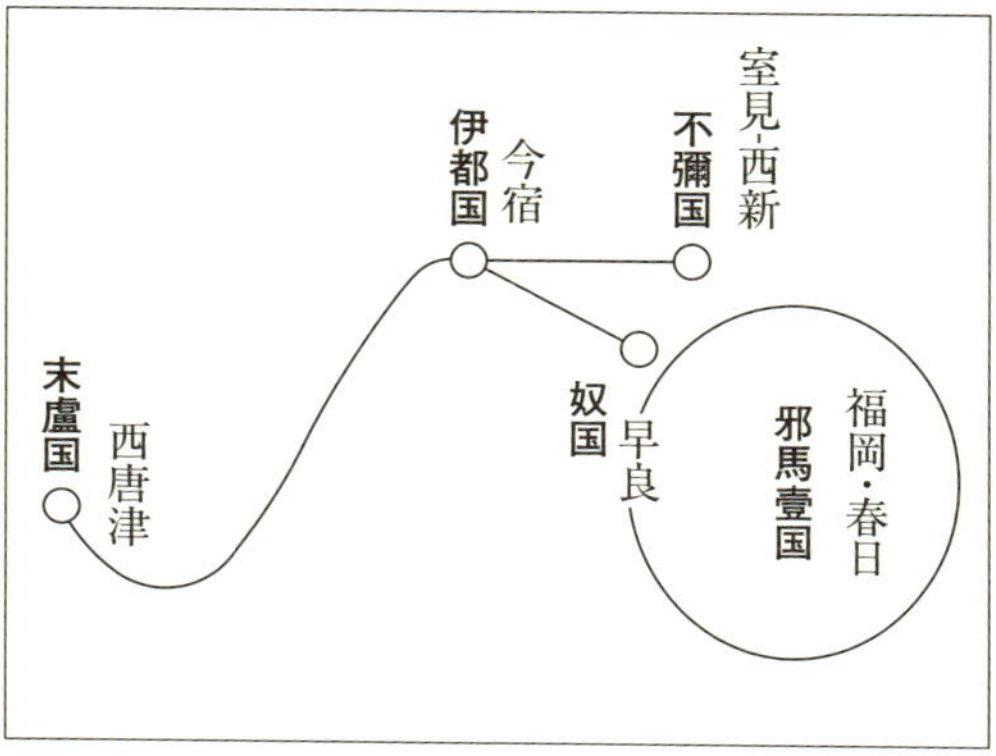

北部九州五カ国比定図

倭人伝の行路記事を古田武彦氏の解析方法に従って検討してきた結果、「奴国」は早良平野にあった、となり、遺跡の関係でみると、室見川中流左岸の吉武高木遺跡あたりではないか、ということになりました。類縁地名を調べたら、そこは「野」の地名が密集しているといってもよい地域でした。

古代「奴」は「ぬ」若しくは「の」と読まれていた、ということも確かめられました。なぜ、世の中の方々はこの地を「奴国」と認めないのかなあ、とぼやくばかりです。

ぼやきはさておき、今までの検証結果を図でしめしますと、伊都国・不彌国・奴国・邪馬壹国の関係は上図のようになります。

古田説で室見川流域が奴国領域とならなかったのはなぜか

ここで、なぜ古田武彦氏がこの室見川流域全てを「邪馬壹国」の領域とされたのか、なぜ、「奴国」は糸島の片隅とされたのか、を検討してみます。

氏の第一書『「邪馬台国」はなかった』における邪馬壹国比定についての説明は次です。その第四章「邪馬壹国の探究」で、〝「邪馬壹国」を博多湾岸から南に広がる国〟に比定した論理の道筋は前に紹介しました。その中に次のような論理で奴国の比定地を定めています。

「鴻の巣山・片縄山・油山」の線を中にはさんで、西なる「室見川流域」と東なる「須玖遺跡」の一帯とは、いわば対照的な位置にある。死のための墓域と、生のための住居域の前面とは、それほど遠くなく、しかも〝いささかはなれている〟のが通例だ。とすると、〝西向きの顔〟をもった邪馬壹国が、山をへだてた〝裏側〟に当る、東南の一隅に広大な墓域を持っていることはきわめて自然なのである（七万の戸数をもつ邪馬壹国自体は当然両地域をふくんでいる）。

（中略）従来の「邪馬台国」研究においては、須玖遺跡はしばしば奴国の墓域であるととなえられてきた。しかし、その場合も、伊都国をもって、糸島半島内の前原―周船寺間の付近に位置する、とすることに異論はなかった。その東南百里が「奴国」だ。

（ゴチックは著者による）

なぜ、古田武彦氏が倭人伝の距離記事から離れて、比定地論証の中に、「前原〜周船寺間に伊都国を比定することは従来説方々も異論がない」というように、いわば従来説を補強に使っているのは問題がある、と指摘せざるをえません。

このことが、伊都国の比定地、波多江と、不彌国の比定地、姪浜間が、倭人伝の記す百里をはるかに越す（ＪＲ駅間距離で一〇・一キロメートル、一三二里）にもかかわらず、そこは目をつぶられたのかな、と推察されます。氏は室見川流域を邪馬壹国の領域とするためには、「奴国」を糸島平野内に収めるという選択は、致し方なかったことと思われます。

先の文章は次のように続きます。

するとし、「東南」という方角からも、「百里」（七・五キロメートル）という距離からも、奴国は到底博多湾にのぞむ平野の東域ではあり得ないのである。しかも、投馬国の例でのべたように、傍線行程の場合、方角は直線方向だが、距離は迂回行路であった。つまり〝実地形に応じた、じっさいの行路ぞいの距離〟なのであった。

そうすると、この奴国の場合も、方角は直線方向で「東南」であっても、そこに至る「百里」の行路は実際の道路にそって折れ曲がり、「周旋」していてもいいことになる。そうすると、「伊都国─奴国」間の「直線の距離」はさらに百里以下となる。したがって、奴国は糸島郡内を出ないとなる可能性が高いのである。

この古田武彦氏の論理は、まず、先の通説に寄りかかった、「前原~周船寺」間に伊都国があった、という仮定の上に構築されています。そして、糸島平野の中に存在した、とするには平野の広さが不足することについて、「周旋」するので実際の距離は短くなる、ということで収めておられるようです。

もし、先述しましたように、伊都国はもう少し東、「周船寺~今宿」間にあったと仮定しますと、奴国の所在は、全く別の展開となるのです。

しかし、古田武彦氏のこの論述は、「奴国は通説のように博多ではない」ということを主眼において述べられている文章の一部ですから、その部分だけを抽出して批判するのは正しくないと思います。

特に、室見川の銘版は上流にあった宮殿から洪水で流されてきたもの、と古田武彦氏は推定し、室見川の上流域に宮殿が存在した、としました。その後、吉武高木遺跡の宮殿あとが発掘されたことにより、その説の正しさが証明されたのです。

倭人伝記載の不彌国が室見川下流域に比定されれば、その「南」にある上流域の宮殿は卑弥呼の宮殿になるのは論理の赴くところで自然です。ですから、古田武彦氏が、高木吉武遺跡を邪馬壹国の遺跡とされたのは、無理からぬことだと思われます。

しかし、ここまで述べて来たわたしの検証作業が正しかったとすれば、わが師古田先生の「奴国」の検証には見落としがあった、と指摘せざるを得ないのです。

主線行程から外れた旁国ではありますが、第三の大国「奴国」をもう少し注意深く比定されればよかったのに、と思わざるを得ません。

特に、先にも引用しましたが、古田武彦氏が『日本古代新史』で、

邪馬壹国の中心はどこか。第一の候補地は室見川流域で第二が那珂川・御笠川流域。北は博多駅から南は太宰府まで。弥生銀座ともいわれる弥生期最密集出土地域。『「邪馬台国」はなかった』ではこの二つを併載しておいたが、その後の探究で第二の地域が中心である、という結論に至った。


とされた時に、いま一度不彌国の位置を倭人伝で検証し直されていたら、必然的に「奴国が室見川上中流域」となったことと思われます。

古田武彦氏は「いわゆる邪馬台国探し」について、「何でも、倭人伝からわかる。そんなものではない。わかるものをわかるとし、わからないものをわからないとする。これこそ

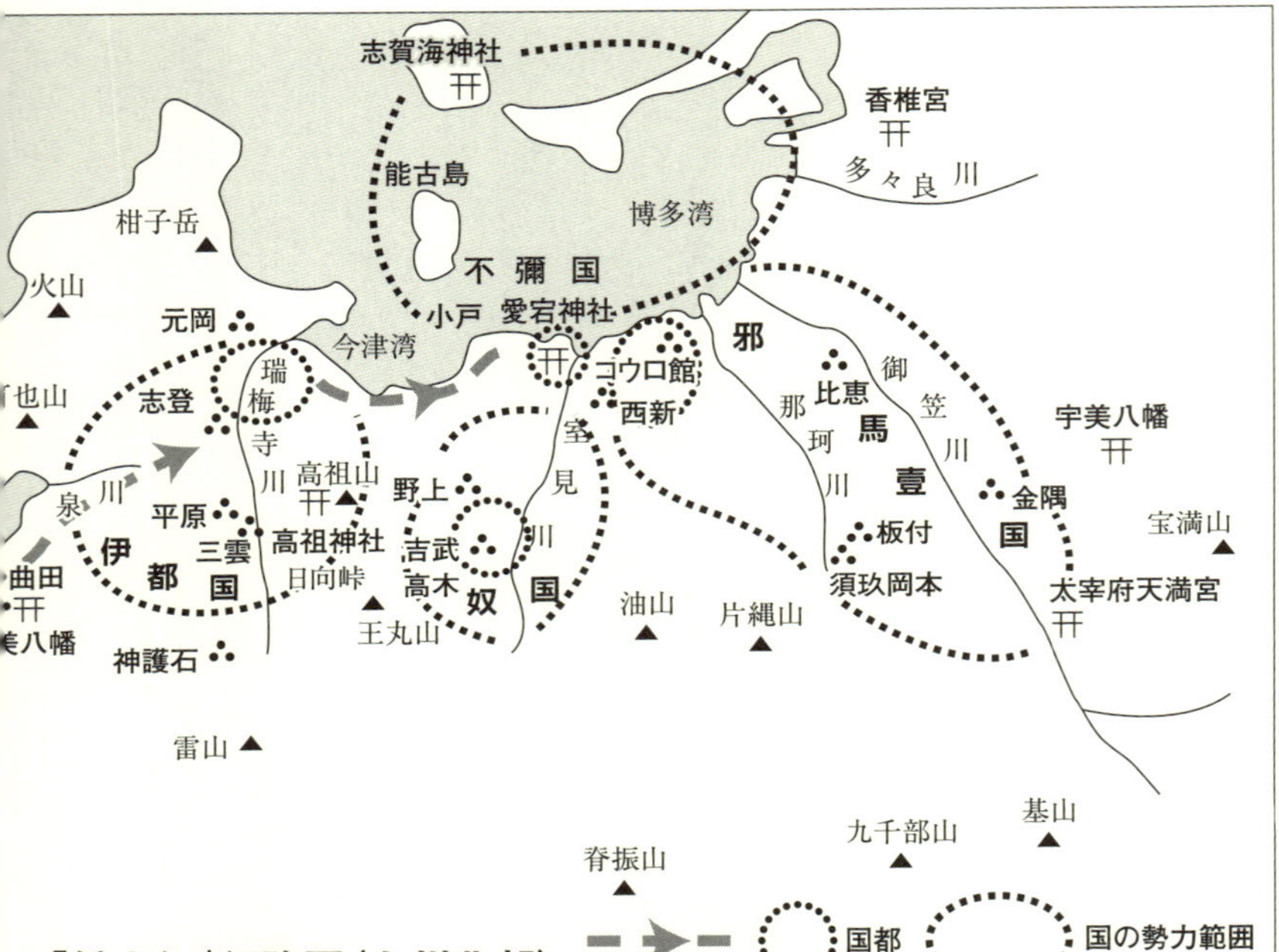

「倭人伝」行路図（九州北部）

真実探求者にとって基本のマナーではないだろうか。なお立ち入った探究、より深い古代世界への新しい模索、それはわたしたちの眼前にさらにひろく、ふかく、未来へとひろがっているようである」（『日本古代新史』）と常識的にまともなことでまとめておられます。

わたしは、古田武彦氏の方針に沿って「奴国のありか」を探してきたつもりですが、その結果はどうやら、氏の結論とは異なってしまいました。

この「奴国」の中心地比定には、「地名」とは無関係に倭人伝の記事に従って進んで来たのですが、その結果が、地名とも遺跡とも結びついたのです。

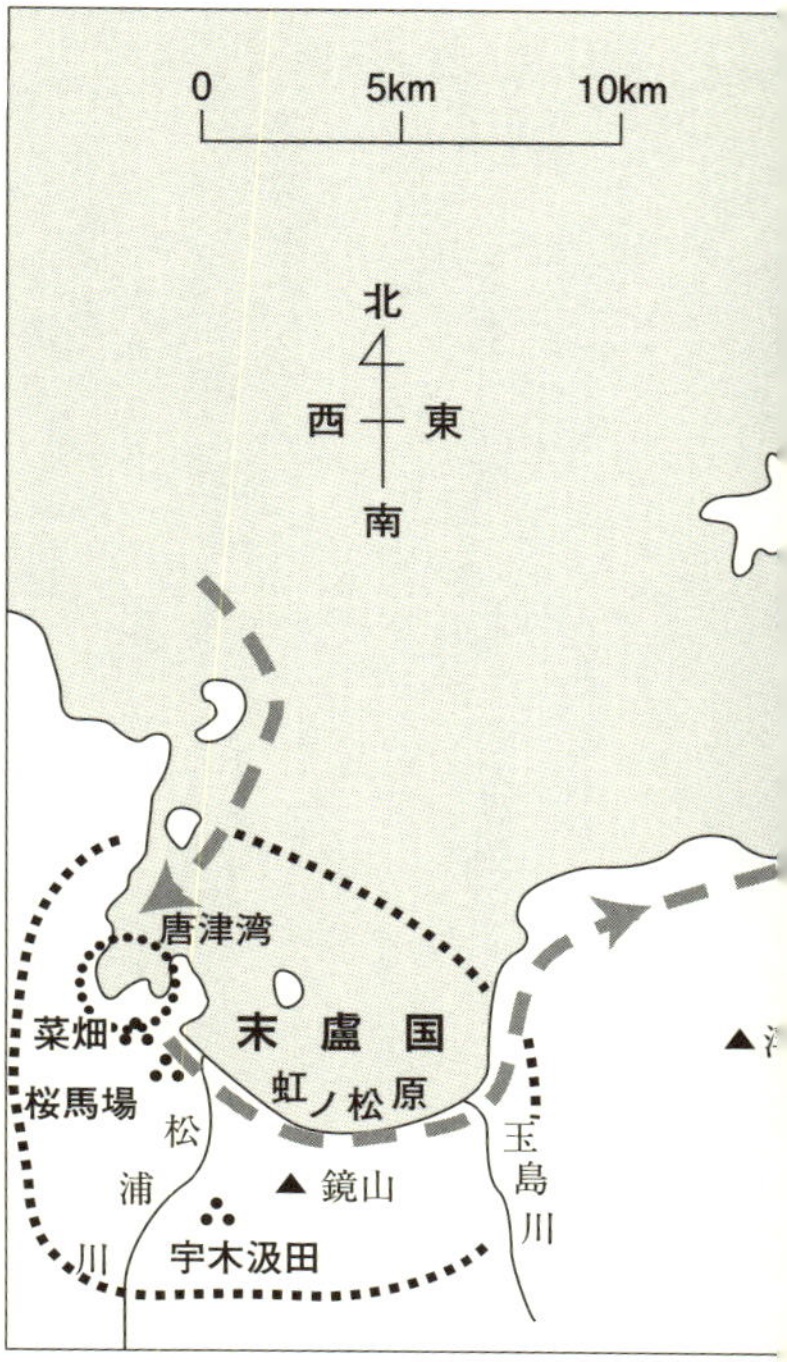

邪馬壹国のありか

いままでの「奴国」探しの結果、不彌国は、西新町遺跡あたりではないか、ということになりました。

室見川河口あたりに不彌国があったとしますと、その南が室見川中流域の「奴国」エリアとなります。

そうしますと前にものべましたが『魏志』倭人伝には、不彌国の南に接して邪馬壹国があると書かれているのに、そこに「奴国」が存在する、という矛盾が生じるのです。

しかし、伊都国から不彌国の行程を検討した結果、不彌国は室見川の右岸寄りで、西新町遺跡あたりに存在したのではないかという結果となりました。

その結果から言えるのは、不彌国に南に接する邪馬壹国は、樋井川下流の現在の鴻臚《こうろ》館跡とされる、福岡城遺跡付近に女王の館があったのではないか。それから南東に広がる福岡平野が邪馬壹国の領域で、不彌国から南南西に広がる早良平野が「奴国」の領域であった、ということになります。

これまでのところの各国の勢力範囲などをわたしの想像も含めて地図で表してみました。古田武彦氏の比定地と異なるのは、早良平野を奴国としているところです。

文中でも述べましたように、『魏志』倭人伝の記述からだけでは伊都国の範囲が不明です。今後の古代学の進展で解明されることを期待しているところです。

今回の「奴国」探究の結果、女王卑弥呼が魏使を迎えたのは、不彌国の南に接している樋井川下流の今の福岡城のある台地にあった館（後年、筑紫館から鴻臚館となった迎賓館）ではなかったか、と思われます。『魏志』倭人伝が卑弥呼の居城を次のように書いています。

宮室楼観城柵厳設常有人持兵守衛（宮室・楼観・城柵、厳かに設け、常に人有り、武器を持ち守衛す）

博多湾に臨み、樋井川・御笠川の河口を扼す、現在の福岡城一帯の丘陵地の一角に、卑弥呼女王が、そのような立派な城塞で、多くの侍女に囲まれ女王として君臨していたのでしょう。

なお、現在、鴻臚館の発掘調査が行われています。鴻臚館の前身の筑紫館も七世紀以前に数次の建て替えが行われていたことがわかってきた、ともいわれています。どの程度ま

鴻臚館の後に建てられた福岡城趾

で遡れるか楽しみでもあります。

まとめとして

「師の説に、な、なずみそ」という本居宣長の言葉を恩師、東北大学の村岡典範《つねつぐ》先生がよくおっしゃっておられていた、と古田武彦氏はいろいろな本で書かれ、述べられてもいます。わたしは我が古代史の師、古田武彦氏の第一書の「はじめに」にある次の言葉を頼りに進んできました。

わたしが今までの探究の中で、文献研究は考古学の成果とどのような関係にあるべきだと考えてきたか、それをハッキリさせておこう。

その「関係の法則」はつぎのようだ。

すなわち、方法論上、文献研究者は考古学の成果とは一応無関係に、自己の論証を徹底しなければならぬ。そのような「自己徹底性」こそ、他なる考古学に対する誠実性を保持しぬく、唯一の道である、と思わされる。――これが師の説を継承し、発展させる――これは「美風」かもしれない。しかし、わたしは学問というものを別のふうに考えてきた。わたしの学んだ恩師村岡典嗣さんは、「師の説に、な、なづみそ」（先生の説にけっしてとらわれるな）という本居宣長の言葉を学問の真髄としていつも語っておられたからである。

（『「邪馬台国」はなかった』「序章　わたしの方法」より）

今回は、な、なずみそ、ではなく、師の説の論理をそのまま「奴国探し」に当てはめました（つもりです）。結果、師の比定地と異なりました。

古田武彦氏は邪馬壱国探しが大目的であり、行路の傍国の「奴国」については二の次だったかもしれませんが、博多にゆかりのある人間にとっては大きな問題なのです。「奴国＝ナの国」、大和には負けるかもしれないが、九州では古来最大の国、というところで、心のなかでの「歴史」を収めていた博多っ子です。

博多は、『魏志』倭人伝で書かれている「邪馬壹国」ですよ、と教科書で教わったのと違うことを急に言われても、では「奴国」はどうなるの、という疑問にキチンと答えてあげなければ、「博多＝邪馬壹国」説も博多人の心には収まらないのではないか、と心配していました。

この「奴国＝早良」説で博多人の心が少しでも休まれば良いが、と思い筆を置きます。長々と理屈っぽい「奴国」探しにお付き合いいただきありがとうございました。（本論はここで一応おわりです。次の章は気楽に読んでください。）

なお、「奴国」を福岡県早良郡に比定した先行論文として、兼川晋氏が一九九五年に『新・古代学　第一集』（新泉社）で発表された、「女王国周辺の地理的考察」があります。

わたしがこの「奴国探し」を始めて、ネットで検索したら、「九州古代史の会」のＨＰで過去の会報を検索し、兼川晋氏が、伊都国や不彌国について論じていることを知りました。まとまった論文を出されているだろうと探してみて、『新・古代学』に行き着いたのです。概要は次のように、どちらかというと地名の遺存性からの立論です。

兼川晋氏は、古田武彦氏が『「邪馬台国」はなかった』で、博多湾岸から南に広がる地域と邪馬壹国を比定したことについては頷きながらも、伊都国を前原《まえばる》付近に比定されたことについて、遺存地名の面から問題点があるとされます。

それは古田武彦氏が、伊都国は旧怡土村とされながら前原あたりとされたことに対し、旧怡土村は、三雲遺跡や高祖神社のある、糸島平野東南部一帯であり、平野西部の旧前原町の地域ではない。倭人伝の里程記事からすると、伊都国は周船寺あたりとなる。そこから東南百里の「奴国」の地は室見側上中流域であり、野方はじめ「野」のつく地名の多い旧早良郡である。伊都国から東へ百里行こうとすると、そこは「奴国」の領域であり、魏使は水行で不彌国に行ったと思われる。

伊都国より水行百里の地不彌国は、現福岡市早良区荒江付近となり、荒津など港湾に関係する国であった。『和名抄』に載る早良郡は六郷で、額田《ぬかた》・平群《へぐり》・田部《たべ》・能解《のけ》・早良の五郷が奴国、毘伊《ひい》だけが不彌国であろう、とされます。不彌国のところで紹介しましたが、不彌は「フミ」であろうが、その後、「ミ」が脱落し「フ」のみとなり、「フ」が「ヒ」と転訛し、「ヒ」が言葉の調子を整えるために「ヒイ」となった。今、博多湾に注ぐ樋井川という川の名で残っている、と説明しています。

兼川論文は、結論的には、わたしの至った地域にほぼ重なります。福岡県西部の狭い地域に倭人伝の記述に従って、遺存地名を手がかりに、伊都・奴・不彌の三国をメインの邪馬壹国をと組み合わせると、奴国は室見川流域の早良平野にならざるを得ないことを兼川論文が示しているともいえましょう。

第八章　倭人伝と『記・紀』の接点

もう一つの奴国《ぬ》

「奴国探し」で書き落としたことがあります。倭人伝には「奴国」は二つある、と書かれています。一つは「伊都国」の隣の国として、もう一つは、女王国の旁国二十一カ国の一つとして最後に上げられています。

この旁国の「奴国」とはどんな国か、について、我が師古田武彦先生の説の受け売り部分が多いのですが、私見も交えて説明しておきます。

倭人伝には、二十一カ国の旁国の最後に述べられる「奴国《ぬ》」が、女王国の境界の尽きるところで、その南に「狗奴国《こうぬ》」がある、と書かれています。

原文は、「次有奴国此女王境界所盡其南有狗奴国」です。読み下しは「次に奴国有り、此れ女王の境界の尽くる所なり。その南狗奴国あり。」となります。（古田武彦『倭人伝を徹底して読む』による）

この「奴国」については、間違い説・同じ国が二回ダブって出てきている説など、古来喧々諤々《けんけんがくがく》とその解釈に華を咲かせています。

前にも述べましたが狗奴国＝菊池説もあります。奴《な》国は福岡県である。その倭人伝に書かれているように、奴国の南にある狗奴国は熊本県となる。狗奴国はクナ国で、これは熊襲のクマを狗奴と記したのだ。その狗奴国の官の名前に「狗古智卑狗」と倭人伝に書かれている。これは「菊池彦」である。ということで、現在、菊池市七城町の国道３２５号線のメロンドームという道の駅の真向かいの丘に砦温泉「狗奴国城」という温浴施設が建設されていました。

狗奴国という三世紀の名を名乗っているにしては三層四階の桃山時代風天守閣が設けられていたりして、結構お金をかけたと思われながらも、違和感のある建物でしたが、平成二十六年春に寄ってみたら、設備投資の割にはお客を呼べなかったのでしょうか、落城し閉鎖されていました。

ところで、この「奴国」が『記・紀』にある「神武天皇の東征」という伝承とつながりがあるようなのです。

次の項目「倭人伝の年紀記事と神武の活躍期」で改めて述べますが、神武は卑弥呼の活躍期より百ないし二百年前の人物です。

どうやら一世紀頃、海幸彦山幸彦の神話で知られる、山幸彦の息子ウガヤフキアエズの命の三男とも四男ともいわれるヒコホホデミ、後の神武天皇が、この北部九州の日向《ひなた》から、近畿に東征したようなのです。

「奴国」探しで述べましたように、『魏志』倭人伝に記載されている「奴国」は室見川の中・上流にあったのです。その、室見川には日向《ひなた》川という支流が流れ込んでいます。その上流には日向峠という地名も残っています。つまり「奴《ぬ》国」は日向《ひなた》という地域にあったとしてもおかしくないと思います。

そうすると、神武は、日向の「奴《ぬ》国」から近畿へ進出して橿原に拠点を構えたことになります。おそらく橿原で居を構えた国の名前も「奴《ぬ》国」だったことでしょう。彼と長兄五瀬命は東に向かって出発したのですが、その他の兄弟は同行したとはありませんから、本国に残ったと思われます。

本国に残った神武の兄弟たちの子孫は、自分たちの国が「奴《ぬ》国」の本国で、女王国の領域の東の端の神武の子孫の国も「奴《ぬ》国」、つまりわれわれ室見川流域に本拠を置く「奴《ぬ》国」の分国、と魏使に説明したとすると、二つの同じ名の国「奴国」と倭人伝にあるのもうなずけます。

そう考えますと、進出先の周りの銅鐸を信奉する国、その中心は「狗奴国《こうぬ》」です。その国が橿原の奴国の南にあったとすれば、銅鐸の鋳型が多数出土した東奈良遺跡のある大阪府茨木市あたりになるでしょうか。

倭人伝に「倭女王卑弥呼與狗奴国男王卑弥弓呼素不和」（倭の女王卑弥呼と狗奴国の男王卑弥弓呼ともとより和せず）とありますが、鏡を信奉する邪馬壹国と銅鐸を祭器とする狗奴国とが不倶戴天の仲であった、と書かれていることも理解できます。

国土地理院の二万五千分の一の地図に出ている、古代に関係あると思われる、日向峠・日向川・野上遺跡・吉武高木遺跡・有田遺跡・下山門・上山門・野芥・などを地図に落としてみました（一七三頁「室見川流域の交通路図」参照）。

神武の発進地は、糸島平野とするより「奴《ぬ》国の室見平野」とした方が伝承に合うようです。『古事記』によれば、「東へ行こう、と日向より筑紫に向かった」とあります。日向《ひなた》峠と日向《ひなた》川という標記は、現在も国土地理院の地図にみることができます。ですが、そのものズバリの「日向」という地域や地名は遺存していません。旧怡土《いと》村には日向山《ひなたやま》と呼ばれる山があった、という古文書があるそうですが、場所はハッキリしていないようです。

「日向」とは日が当たる地域でしょう。糸島平野と室見平野の間にある高祖山連峰の日当たりの良い面は、室見川左岸流域であり日向の地域であった可能性はありましょう。つまり、日向《ひなた》＝奴国《ぬ》＝吉武高木という等式が成り立つことになります。

『古事記』にある神武たちが「東へ行こう」と向かった方向は、最終目的地となった近畿地方のことだ、というのが通説のようですが結果論ではないでしょうか。

糸島平野から「筑紫」方面に向かうのは、日向峠《ひなた》を通って行ったとすれば、東南の方向です。室見平野からですと「筑紫」は東の方向です。その、東なる筑紫へ行って今後の方向決めを、筑紫の大王と話し合ったと取るのが合理的でしょう。

そうすると、倭人伝の時代には奴国には既に王がいませんでしたが、神武の時代の一世紀あたり（注　後出）ではどうだったでしょうか。奴国《ぬ》には、ウガヤフキアエズの時代までは邪馬壹国傍系の王として存在していたのでしょうが、後に説明しますが、神武兄弟が倭人伝にある「大倭《だいゐ》」として出征して行ったあとの奴国は、邪馬壹国のジマコなどの官吏による支配がはじまっていた、ということになるのでしょう。

倭人伝の年紀の記事と神武の活躍期

前項で神武の近畿侵出を一世紀の頃というように述べています。この神武の活躍期の推定も『魏志』倭人伝から知ることが出来るのです。

倭人伝には、裴松之の注に「『魏略』にいわく、その俗正歳四時をしらず、ただ春耕秋収を記して年紀となすのみ」とあります。それに続いて「その人寿考、あるいは百年、あるいは八、九十年」ともあります（石原道博編『新訂魏志倭人伝他三編』岩波文庫）。

最初の記事から、倭人は春と秋を年の区切りとしている、ということで太陽暦に比べると倭人は年に二回年をとる、ということになります。二番目の記事は、倭人は非常に長寿である、という記事です。

しかしこれは、考古学による人骨調査の結果とは全く合いません。考古学では、日本の古代人は、縄文時代は平均寿命三十五歳内外、弥生時代で四十五歳内外だそうです。（『日本人の起源　古代人骨からルーツを探る』中橋孝博、講談社による）

それなのに倭人は、八十とか九十、いや百歳生きるといっているのは明らかにおかしいのです。

この二つの記事からわかることは、当時の倭人は一年に二歳年をとる、という暦で生活していたのだ、と古田武彦氏は解析されます。そう考えますと、倭人伝の年紀についての記事が全て矛盾なく理解されるのです。

この倭人伝にある倭人の暦、これを神武の活躍期の推定に使ってみたらどうでしょうか。もう一つ、日本の記録からこの二倍年暦が見つからないでしょうか、調べてみました。

幸い『古事記』には、古代の天皇の亡くなった時の年齢の記事が、たくさん残っています。次の表をご覧ください。

		[古事記]
1	神　武	137歳（68.5歳）
2	綏　靖	45〃（22.5〃）
3	安　寧	49〃（44.5〃）
4	懿　徳	45〃（22.5〃）
5	孝　昭	93〃（46.5〃）
6	孝　安	123〃（61.5〃）
7	孝　霊	106〃（53〃）
8	孝　元	57〃（26.5〃）
9	開　化	63〃（31.5〃）
10	崇　神	168〃（84〃）
11	垂　仁	153〃（76.5〃）
12	景　行	137〃（68.5〃）
13	成　務	95〃（47.5〃）
14	仲　哀	52〃（26〃）
	（神功皇后）	100〃（50〃）
15	応　神	130〃（65〃）
16	仁　徳	83〃（41.5〃）
17	履　中	64〃（32〃）
18	反　正	60〃（30〃）
19	允　恭	78〃（39〃）
20	安　康	56〃（28〃）
21	雄　略	124〃（62〃）
22	清　寧	?
23	顕　宗	38〃（19〃）
24	仁　賢	?
25	武　烈	?
26	継　体	43〃（21.5〃）
27	安　閑	?
28	宣　化	?
29	欽　明	?
30	敏　達	?
31	用　明	?
32	崇　峻	?
33	推　古	?
		Σ2086÷23=90.69

天皇の寿命表（古田武彦『失われた九州王朝』「記紀の二倍年歴」より）

これが『古事記』に記されている古代天皇の亡くなった年齢の一覧表です。この記録が残っている二十三人の天皇方の平均死亡時年齢は、その表に計算結果を書きこんでいますように、九〇・六九歳、約九十一歳です。驚くほど「倭人伝」の記事に合っています。

そこで、日本の古代は、二倍年暦の世界だった、として神武の活躍期を推定してみましょう。

方法としては二つの方法で試算してみました。

まず、第一の方法は、『日本書紀』の年代の記事からの推測です。『日本書紀』の帝紀に拠りますと、継体天皇の歿年齢は、百済の記録、『百済本記』の記事と若干合わない、とされますが、次の安閑天皇の即位年は五三一年であるのは、中国との暦の照合も出来ていて、大体間違いないようです。

この安閑天皇の即位五三一年を基準点としますと、神武即位記事の紀元前六六〇年との差は一一九一年です。これを一倍年暦に直しますと、五九六年です。つまり、神武天皇即位は、五三一年マイナス五九六年で、紀元前六十五年となります。

ところが『日本書紀』をよく読みますと、神功皇后を卑弥呼に当てているのです。そのために『日本書紀』の編集者がそのところで干支を操作して、活躍期を合わせているのです。干支一回りとかふた回りとか諸説があるようです。

ということで、『日本書紀』に二倍年歴を適応したからといって、結果をそのまま使ってよいかは、どうも疑問があるようです。それで第二の方法を試みてみました。

『日本書紀』と『古事記』とは、天皇の系列というか系図についてはほぼ同じです。ですから、天皇の系図から天皇の世代を数えて、そこから、神武の即位時期を推定しようというものです。

古代天皇の親子関係というか親子代数を見ていき、それに平均的に後継者（嗣子《しし》）を得る年数を掛けてだしたらどうなるか、と試みました。

神武を初代として　安閑天皇は第二十七代天皇です。この間　兄弟間や叔父甥間などの継承もあるので、世代間の継承という点から見直してみますと、実質世代として二十三世代となります。

次に「一世代を何年とみるか」ということです。一世代を、古代は早熟でしたから、十五で元服という江戸時代の例もあるし、と、十八歳～二十二歳で跡継の嗣子を得る、として非常識ではないでしょう。初代から二十三代目ということは、年数すると二十二代間ということになります。すると、二十二代間かける十八歳で三九六年。二十二歳とすると、四八四年となります。安閑天皇の即位時が西暦五三一年、ですから、神武の即位は、西暦四十七年から一三五年頃という計算になりなりました。これにはかなり幅がありますが、一世紀終り前後が活躍期となります。

つまり弥生中期の西暦一世紀中ごろから二世紀初めが神武の活躍期だったと推定されます。大体　神武の持つ武器などの描写からして　弥生中期、つまり青銅器と鉄器が共に用いられていた金属器時代で、中国の文献に出て来る卑弥呼の時代より　一～二世紀前のとしてもそれほど狂っていないでしょう。

これは奇しくも『後漢書』にあるように、委奴国が金印をもらったり、国王帥升が漢王朝に朝貢したころ、「委奴国の最盛期?」に重なります。これらの記事と神武の活躍期を重ねますと、倭国王の治世は安定していて、北部九州にいては神武達兄弟の発展の見通しがついていない状況、東へ進出せざるを得ない状況であった、と符合します。

倭人伝の大倭《だいゐ》と古代天皇の関係

ところで、神武の国は中国の史書に全く現れていないのでしょうか?

『記・紀』によりますと、「神武は大和で即位した」とあります。果たして日本列島全土に号令をかける立場に立てたのでしょうか。日本の記録では「治天下」(アメノシタシロシメシタ）と全国を統一出来たかのように書いています。

しかし、このあたりの時代の中国の記録『後漢書』にも神武の国は全く見えないようです。三世紀の『魏志』倭人伝に何かヒントでもないでしょうか。

「倭人伝」に卑弥呼の国の管理組織が書かれていますが、そのなかに「大倭《だいゐ》」という職名が出てきます。

次の倭人伝の原文の真ん中あたりに「国国有市交易有無使大倭監之」とあります。各地に市場があり、「大倭」という官職の者を置き、監督させたと説明されています。

面白いことに、『日本書紀』にある神武から第九代までの名前を見てみますと、次に一覧にしていますが、そこに四名の「大倭」が入っています。神武は大倭ではなく、後に尊称

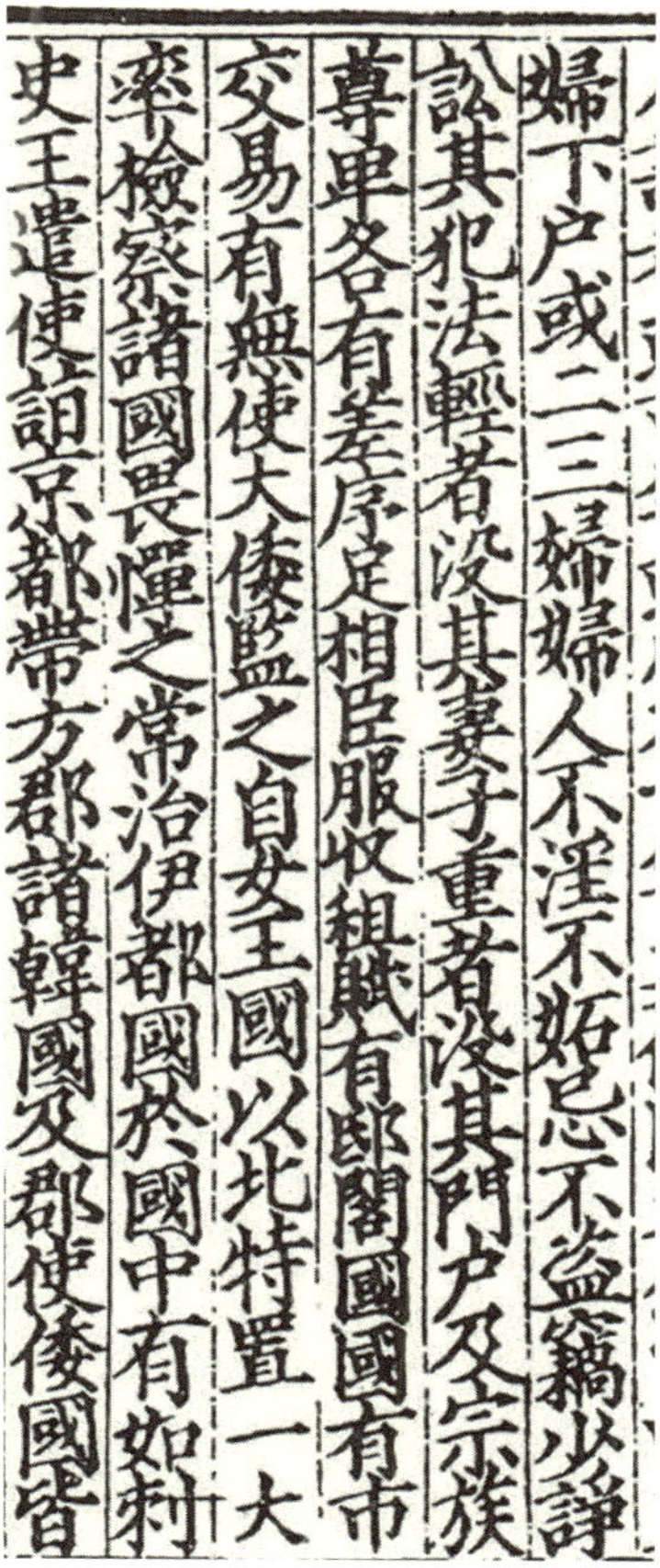
婦下戸或二三婦婦人不淫不妬忌不盜竊少諍
訟其犯法輕者沒其妻子重者沒其門戸及宗族
尊卑各有差序足相臣服收租賦有邸閣國國有市
交易有無使大倭監之自女王國以北特置一大
率檢察諸國畏憚之常治伊都國於國中有如刺
史王遣使詣京都帶方郡諸韓國及郡使倭國皆

『魏志』倭人伝に見える大倭の記事

	漢風諡号	和風諡号（古事記による）	
初代	神武	カムヤマトイワレヒコ	**神倭**伊波例昆古
二代	綏靖（すいぜん）	カムヌナカワミミ	神沼河耳
三代	安寧（あんねい）	シキツヒコタマテミ	師木津日子玉手見
四代	懿徳（いとく）	オホヤマトヒコスキトモ	**大倭**日子鉏友
五代	孝昭（こうしょう）	ミマツヒコカエシネ	御真津日子訶恵志泥
六代	孝安（こうあん）	ヤマトタラシヒコクニオシヒト	**大倭**帯日子国押人
七代	孝霊（こうれい）	オホヤマトネコヒコフトニ	**大倭**根子日子賦斗邇
八代	孝元（こうげん）	オホヤマトネコヒコクニスル	**大倭**根子日子国玖琉
九代	開化（かいか）	ワカヤマトネコヒコオホヒヒ	**若倭**根子日子大毘毘
十代	崇神（すうじん）	ミマキイリヒコイニエ	御真木入日子印恵

天皇和風諡号

を付けたのでしょう神倭となっています。

つまり、北部九州の本国にすれば、神武を東に行かせたがあくまでも、植民地の采配を振るう「大倭」の立場であった、と思われます。

以上、「奴国探し」から神武伝承へと話を進め過ぎたようです。三世紀の卑弥呼の国、五世紀の倭の五王の国、六世紀末の多利思北孤の国、七世紀末に滅んだ倭国、その歴史については、我が師古田武彦の『「邪馬台国」はなかった』に続く。三部作『失われた九州王朝』『盗まれた神話』が今、ミネルヴァ書房からコレクション版として復刻されています。まだお読みになっていらっしゃらない方はぜひお読みになって下さい。

参考文献

『福岡県の歴史』川添昭二ほか　山川出版社　一九九七年
『古代史疑』松本清張　中央公論社　一九六八年
『博多』武野要子　岩波新書　二〇〇〇年
『古代国語の音韻に就いて』橋本増吉　岩波文庫　一九八〇年
『魏志倭人伝を読む（上）』佐伯有清　吉川弘文館　二〇〇〇年
『邪馬台国研究総覧』三品彰英　創元社一九七〇年
『古代九州と東アジア』小田富士雄　同成社二〇一二年
『天皇の歴史01　神話から歴史へ』大津透　講談社、二〇一〇年
『失われた九州王朝』古田武彦　ミネルヴァ書房コレクション版　二〇一一年
『倭人伝を読みなおす』森浩一　ちくま文庫　二〇一〇年
『卑弥呼と神武が明かす古代』内倉武久　ミネルヴァ書房　二〇〇七年
『論集　古代に真実を求めて　第十二集』古田史学の会
『邪馬台国の旅』邦光史郎　光文社カッパブックス　一九七六年
『「邪馬台国」はなかった』古田武彦　ミネルヴァ書房コレクション版　二〇一〇年
『邪馬壱国の証明』古田武彦　角川文庫　一九八〇年
『よみがえる九州王朝』古田武彦　角川選書　一九八三年
『市民の古代第5集』市民の古代研究会編　新泉社　一九八三年
『倭人伝を徹底して読む』古田武彦　朝日文庫　一九九二年
『古代史の「ゆがみ」を正す』古田武彦・谷本茂共著　新泉社　一九九四年
『周髀算経之事』谷本茂　数理科学誌　一九七八年
『倭人伝を読むⅠ・Ⅱ』生野真好　海鳥社　二〇一〇年
『邪馬台国の秘密』高木彬光　光文社カッパブックス　一九七三年

『邪馬壹国の論理』古田武彦　朝日新聞社　一九七五年
『古代国家はいつ成立したか』都出比呂志　岩波新書　二〇一〇年
『邪馬台国畿内説徹底批判』安本美典　勉誠出版　二〇〇八年
『古墳とヤマト政権』白石太一郎　文春新書　一九九九年
『邪馬台国の数学と歴史学』半沢英一　ビレッジプレス　二〇一一年
『日本古代新史』古田武彦　新泉社　一九九一年
『和名類聚抄郷名考證』池邊彌　吉川弘文館　一九六六年
『邪馬台国論争・上』佐伯有清　岩波新書　二〇〇六年
『悲劇の好字』黄當時　不知火書房　二〇一三年
『古代史をゆるがす真実への7つの鍵』古田武彦　原書房　一九九三年
『新・古代学』第一集　新・古代学編集委員会　新泉社　一九九五年
『邪馬一国の道標』古田武彦　講談社　一九七八年
『ここに古代王朝ありき』古田武彦　ミネルヴァ書房コレクション版　二〇一〇年
『盗まれた神話』古田武彦　ミネルヴァ書房コレクション版　二〇一〇年
『「倭国」とは何かⅡ』九州古代史の会編　不知火書房　二〇一三年
『新訂　魏志倭人伝　他三編』石原道博編　岩波文庫　一九八五年
『古事記』倉野憲司校注　岩波文庫
『日本人の起源』中橋孝博　講談社　選書メチエ　二〇〇五年
（ネット）邪馬台国の会ホームページ「邪馬台国はどこにあった？」
（ネット）国学網駅　原典宝庫　三国志　魏書
（ネット）ウイクショナリー（日本語版）辞典
（ネット）新しい歴史教科書（古代史）研究会ホームページ

あとがき

わたしの会社勤めが終わった場所が福岡市でしたので、そのまま夫婦二人で終の棲み家ときめました。幸いそこは古代史の遺跡遺物などの宝庫でもありました。

また、古田武彦氏にも個人的にもいろいろとお教えをうける機会も増え、「氏」が「師」に変わりました。我が師古田武彦先生は、古代史の大きな謎「卑弥呼の都のありか」について、博多湾岸説を唱えた方です。一九七一年に朝日新聞社から出版された『「邪馬台国」はなかった』はそれまでの百花繚乱の邪馬台国論にはなかった論理性がありました。それまで、近畿説も含め、仲間内のご当地物的非論理的な邪馬台国論を全て排除するものでした。

幾人かの研究者が古田武彦先生に論争を挑みましたが、客観的にみても、全て古田先生の論理性を打ち破ることはできませんでしたし、古田先生が提示された、従来の定説にかわる新しい見方を、それも論理的合理的解釈を提示されましたが、それに対しても押し黙るだけ、という結果になっています。

このような、古田先生の完全勝利に終わったかに見える古代史論争ですが、その結論は、例えば、いわゆる邪馬台国は博多だ、ということについて、福岡の人々の認識を、博多は奴国《なこく》です、金印をもらった倭《わ》の奴国《なこく》です、という従来説から脱却させることが出来ないままになっています。このことは、福岡に住んでいる私にとっては、この腹立たしい状況がずっと続いていたわけです。

古田武彦先生の著書は、一九七〇年代から八〇年代の著作が多いのですが、近年ミネルヴァ社からコレクション版として第一作『「邪馬台国」はなかった』から現在では第一〇巻まで復刊されていますが、今後も出されるそうです。

この機会に改めて第一作から読みなおしてみてみました。福岡在住者として、この本に描かれている『魏志』倭人伝の世界は身近なところです。そういう目で見てみると、古田先生は、「女王の国」探し、をされて、その目的地「博多湾岸から南にあった国」を得られたわけですが、「奴国」はどうも刺身のツマのように扱われているようです。「奴国」は糸島平野のどこかにあった、とされるだけなのです。

通説では、「奴国」は少なくとも「金印をもらった国」、で、倭人伝では、邪馬台国に次ぐ大国と紹介されている。後年は「儺県《なのあがた》」や「那の津」として歴史にも登場している立派な国だ。それなのに古田武彦説での「奴国」は、糸島の片隅の国、これでは特に福岡に住む人には受け入れられない説でしょう。キチンと「奴国」を収めて初めて福岡の人たちは古田説に心を開くのではないでしょうか。

この九州人の直感は正しかったようです。小生が、古田武彦先生の方法で「倭人伝の魏使の行路」をトレースしなおしますと、「奴国」の本拠地は、福岡で今「早良王国」と呼びならわされている地域だったのです。

この結論をどのように伝えるか、結論だけを抛りだして提示すれば、やはり古田武彦説は欠陥品だと、早合点されかねません。それで、「奴」の読みについてくどいほど述べ、行路記事についても、壱岐から唐津に渡り、糸島経由で女王国に至るまでの魏使の行路部分に中心をおき、詳しく検証してみました。

その叙述を通じて、古田武彦先生の古代史史観の正しさを、「倭人伝」の行路解析の手順のなかで、若い人にも分かりやすく、そして「奴国」は「なこく」ではなく博多ではない、「奴《ぬ》国」であって、三世紀には早良平野にあった国、ということを理解してもらおう、という試みを行ってみたものです。

その結果、黒田長政が築いた福岡城によって取り壊された、古《いにしえ》の鴻臚館あたりに卑弥呼は居城を構えていたのではないか、という自分でも予想しなかった結論に至りました。

青は藍より出て藍より青し、といいますが、とてもとても、いくら勉強してみても、古田先生の住まいされる向日市物集女町の街路樹の病葉《わくらば》みたいな状態から脱し得ぬわたしです。そのわたしが身の程知らずに、わが古代史の恩師古田武彦先生を、一部分にせよ批判的な言辞を弄するなど、この原稿を読みなおしても、心苦しいところが多々あります。

ですが、この小論を著すに当って、古田先生に著書の引用や図表の転載について、この原稿をお送りしてお願いいたしました。お叱りを受けるかと思っていたのですが、ちょうど宮地嶽神社の筑紫舞復活三十周年記念で、福岡で記念講演をされることになりお見えになりました。お会いしましたら、お叱りどころか、「原稿の校正しておいたよ」と原稿を返していただけました。その赤ペンで校正された原稿は、わたしの終生の宝物です。


この文を世に出すことによって、たとえ、わたしの考えの浅さが白日のもとに晒される結果になろうとも、自分の糧にしたいと思いつつ、パソコンのキーボードから離れます。

最後に、この本を出すに当たって海鳥社の西俊明社長、同社のスタッフの皆様には一方ならぬお世話になりました。素人の生硬な文章を何とか世に出せるよう、書名や図版、写真などに対して数々のご助言をいただきました。厚くお礼申し上げます。ありがとうございました。

また、病気がちの身を少しも顧みずに古代史にのめり込む著者を、黙って支えてくれた老妻伊智子には感謝感謝です。

中村通敏

二〇一四年五月三十一日

中村通敏（なかむら・みちとし）1935年東京都生まれ。1959年九州大学工学部卒。1999年ゼネコン退職後古代史にのめりこむ。
2006年「新しい歴史教科書（古代史）研究会」というホームページと「棟上寅七の古代史本批評」というブログを「棟上寅七」というペンネームで始めて現在に至っている。現在、福岡市在住。古田史学の会・多元的古代研究会・東京古田会・九州古代史の会会員。著書に『わたしの棟上寅七』・『鏡王女物語』・『七十歳までの自分史』いずれも原書房（私家版）より出版。

奴国《なこく》がわかれば「邪馬台国《やまたいこく》」が見《み》える

■

2014年9月1日　第1刷発行

■

著者　中村通敏

発行者　西　俊明

発行所　有限会社海鳥社

〒810-0074　福岡市博多区奈良屋町13番4号

電話092(272)0120　FAX092(272)0121

印刷・製本　大村印刷株式会社

ISBN978-4-87415-914-9

http://www.kaichosha-f.co.jp

［定価は表紙カバーに表示］